你是我上輩子的仇人

人生視野 67

你是我上輩子的仇人

作者　徐佳欣
出版者　大拓文化事業有限公司
執行編輯　賴美君
封面設計　林鈺恆
內文排版　姚恩涵

總經銷　永續圖書有限公司
劃撥帳號　18669219
地址　22103 新北市汐止區大同路三段一九十四號九樓之一
TEL　(〇二)八六四七—三六六三
FAX　(〇二)八六四七—三六六〇
E-mail　yungjiuh@ms45.hinet.net
網址　www.foreverbooks.com.tw

CVS代理　美璟文化有限公司
TEL　(〇二)二七二三—九九六八
FAX　(〇二)二七二三—九六六八

法律顧問　方圓法律事務所　涂成樞律師

出版日◇二〇一九年十二月

國家圖書館出版品預行編目資料

你是我上輩子的仇人 / 徐佳欣著. -- 二版.
-- 新北市：大拓文化, 民108.12
面；　公分. -- (人生視野系列；67)
ISBN 978-986-411-108-4(平裝)
1.夫妻 2.成人心理學 3.兩性關係 4.通俗作品
544.142　　108017227

楔子

有人說，能夠導致女人失眠的原因超過一百種，這是不是意味著胡思亂想是女人的專利？我躺在柔軟舒適的席夢思上，決意失眠！為自己找出第一百零一個失眠的理由。

我叫喬維安，今年二十九歲。什麼？你說我是敗犬？讓你失望了，我非但不是敗犬，我還要結婚了，而且這是我第二次步入婚姻的殿堂！

比起一些姐妹連戀愛都沒得談，我算是幸運了是嗎？

回想幾天前，當徐啟然當著眾人，忽然手捧一大束紅玫瑰，單膝跪下向我求婚時，我著實被嚇了一跳，雖然我和他談戀愛也有一段時間了，但是我從來沒想到過他會這樣子老套且突然地向我求婚，也許是第一次婚姻失敗，讓我自己都不願意面對這個問題。但是這個時刻，我的感覺就像是突然被人逼到牆角，你別無選擇，只能棄械投降，於是我糊裡糊塗的點了頭。在那一剎那，前夫的臉竟然在我腦子浮現，還好我及時的把他 delete 掉了，沒有讓他影響我準新娘的燦爛笑容。但是，一連兩天，我都已經過十二點了，還在床上輾轉。難道我對他還有情？我使勁搖搖頭，斷然否定了這種想法！

不過我越是不想想起，「余浩凡」三個字就越是在我腦中浮現。

「余浩凡、余浩凡，什麼余浩凡，明明就是余好煩！該死的，你是我的仇人嗎？」因為一直難以入睡，我在床上翻滾著大叫，捶打著枕頭，感覺心中的煩悶漸漸退去，只是睡意還是遲遲不見。如果他知道我要結婚了會作何感想？會不會覺得對我虧欠？會不會悔不當初？問號一個接著一個跑出來。唉，這不重要了，不是嗎？我問自己。發洩完了冷靜的想起來，其實一切已經過去，尤其是再過幾天我就要嫁作他人婦。我和他充其量也只是個朋友，也許連朋友也不是……

「安安，妳是我一輩子的親人、朋友，我希望是這樣！」離婚那天他是這樣對我說的，當時我已哭成了淚人，發誓要恨他一輩子。此時我的心還在隱隱作痛，但是已經不像當初那般撕心裂肺了。

離婚後我沒有和他再聯絡過，他可能覺得我是個心胸狹窄的女人吧，或者自大的覺得我仍放不下他吧。朋友？我們還能做朋友嗎？我問自己，作為朋友是不是應該被邀請參加婚禮？也許此時是最好的時機讓我們冰釋前嫌。

想到這兒，我立刻起床坐到了書桌前，桌子上放著一疊請帖，全是下個月婚禮的邀請函。我雖不急著結婚但是徐啟然急，他父母更急。他今年三十一歲了，科技業的精英能看上我這個離婚女人對我來說應該是幸運了，更何況他父母竟然沒計較我的過去，更是幸運中的幸運，我又有什麼理由拖著說不。

我抽出一張空白的請帖，剛寫了他的名字，就覺得手有些顫抖，記得他曾說過喜歡我的字，娟秀而有力度，像我的人一樣外柔內剛。不知他接到請帖時是什麼想法，會不會再留心到上面熟悉的筆跡是出自誰手？

內容沒什麼特別，寫上了和其他的請帖一樣客氣話。唉，什麼時候我們變成了要說客氣話的人了？什麼時候我們變得如此陌生。寫完，把請帖輕輕摺好，放在了大紅色的信封裡，插在了一疊請帖當中，不願再看見。心情平復了些，睏意也來了，看看錶已經快淩晨兩點了，夜風有些涼，拉了拉睡衣，準備睡了……

目錄

Chapter 1 眾裡尋他千百度

人生若只若初見……11
朋友開始，一切都很好……18
你對我來說，很特別……26
玫瑰在心中盛開……33

Chapter 2 相愛何必曾相識

你心裡曾經的那個她……45
男人的嫉妒心……52
學業VS愛情……58
錢是感情的度量衡？……63
大男人VS大女人……71

上輩子的你是我情人

Chapter 3

名花傾國兩相歡

畢業了，我們一起失戀？……83
異地戀的困惑……91
只想和你在一起……99
小吵怡情，大吵傷神……106
猜疑和信任只是一線之間……113

Chapter 4

執子之手，與子偕老

要愛情，不要麵包……123
一人的犧牲是兩人的圓滿嗎？……131
前途，比我還重要？……137
親愛的，你哪去了？……142
柴米油鹽的戰爭……149

目錄

Chapter 5 剪不斷，理還亂

越來越不瞭解你……157
左手握右手＝失去感覺……165
兩個家庭的戰爭……172
孩子，你來的不是時候……178
當「性福」在甩門……183

Chapter 6 水流花謝兩無情

工作狂……190
分開是最好的選擇……197
新人笑，舊人哭……204
當一切成為回憶……210
破舊，迎新……214
尾聲……221

Chapter 1

眾裡尋他千百度

要嫁人了，我就要搬入新的家，那是我和徐啟然的家，這意味我要結束我的單身生活，去和另一個人去朝夕相處了。因為經歷過一次失敗的婚姻，所以我心有餘悸，但是我知道這一切已經不可逆轉，我是個重承諾的人，不會在此時打退堂鼓，那無疑是給他的臉上打了重重的一巴掌，也是對我自己打了一巴掌。況且我也確實愛他，希望和他一起生活。如今成熟契合的我們相信會解決當初解決不了的問題，克服生活中所遇到的困難。

我憐惜的看著舊物，艱難的取捨著帶什麼，不要帶什麼，扔什麼不要扔什麼，收拾東西真是件麻煩事，結束單身真是讓人不習慣啊！

「表姐，妳看這個妳還要不要啊？」今天剛上大學的表妹也來幫我收拾東西，一聽她帶著不懷好意的聲音就知道沒好事，鐵定是發現了什麼能讓她看好戲的東西。她遞給我一張舊照片，上面正是那個熟悉而又陌生的傢伙—余浩凡！

這張照片些許的泛黃，那時數位相機雖然越來越大眾化，但有些照片，大家都還是會洗出來留念。照片上兩個人都背著大書包，像是剛剛唸完書，而背景正是我經常懷念的圖書館。

曾經在那裡，我遇到一個聰明人，而我喜歡聰明的人。

後來，他成了我手機上最美好的開始……

人生若只若初見

我和余浩凡的第一次見面是什麼時候？其實我也不知道，因為在茫茫人海中是他先發現了我，然後慢慢靠近，繼而讓我發現了他。後來相處的日子我也不曾問過他「為什麼是我？」，佯裝是命運的巧合，為彼此留下一絲神祕，我曾幻想有一天當我們變成老婆婆和老公公，再一起揭開這個謎底，可惜等不到那天，一切就已經匆匆結束，它只好變成永久的祕密。

不過我推測那應該是在春天裡某個有著溫柔陽光的日子……

六年前……

大三的日子是無聊的，無聊到我這種「玩樂愛好者」都想要泡在圖書館自習，就知道有多無趣了。當我背著大書包出現在自習教室的時候，姐妹們瞪大的眼睛，像見到了外星人一樣。

去圖書館唸書是件各懷鬼胎的事，本校雖是全國聞名的高等學府，但是真正懷著報效國家而自習者是少之又少。多數人是抱著多唸點書，畢業後能夠多賺點錢，這樣的想法賴在圖書館裡，而其中，又有部分人是為了在圖書館能夠有豔遇而來。

我雖然胸無大志，但也不是無聊的人，我自覺面相算姣好、氣質尚佳，因此自從開始在圖書館自習開始，就惹來了各方「獵豔」者的注意。時不時就會在桌子上發現一張要電話的紙條，經常也會有人等在圖書館門口怯怯的說想要認識我。面對這些騷擾，起初我有些不知所措，因為沒有一本教科書教女孩子該如何避開那些自己並不想要的追求，但我想女孩子們在這方面是有天賦的，因為我們很快就能知道該如何應付這些「討厭鬼」。

一段時間後，我就可以對這些「騷擾者」應對自如了，每天看看書和姐妹們嘻嘻哈哈的度日也很充實，只是偶爾我也會想一想：這世上是不是真的有一個人屬於我？他在哪裡？

誰知道，想著想著，他就出現了。

一天晚上我自習完，看了一天的《西方經濟學史》，看得我頭痛的要命，想洗個澡就趕快睡了，這時手機響了，抓過來一看是來自一個陌生號碼的訊息，訊息的內容是一首描寫春天的小詩，末了的一句話寫了：「做一起讀書的朋友好嗎？」

類似想交友的訊息我以前也收到過不少，但寫一首小詩在裡面的他卻是第一個，記得有人說過：少女情懷總是詩。這話倒是真的，我們總是容易被那些包裝的有點憂愁，有點精緻的小浪漫打動。

不過我還是淡淡的回了他：「不好意思，我不喜歡和陌生人做朋友。」他沒有再回，我覺得這人倒挺知趣的，同時心裡又有一點小失落。

精誠所至金石為開，是男人追女人最好的辦法，尤其是像我這種又臭又硬的石頭，想要打動還真需要些時間。此後每天晚上十點，這個神祕人都要給我發個訊息問候一下，他每次都能把我逗笑，一來一往間我漸漸被影響了，每天手機不響我就心慌，一種朦朧的感覺在我們之間滋長著，這種感覺就叫曖昧吧。我不想知道他是誰，害怕真實的相見會打破我對他所有的想像。

他經常會說今天在哪裡見到我了，很想過來和我打個招呼，或者是我又在哪裡發呆，樣子好傻，這時我會假裝生氣，等著他來哄我才肯罷休。

半年後的一天，他忽然說他想讓我知道他是誰，這種敵明我暗的處境對我來說太不公平，於是他傳了他的照片過來。打開照片的一剎那我心裡莫名的緊張起來，當看到照片我不禁笑罵一句：「該死的，又被你耍了！」

照片裡確實是他，只不過是十幾年前的他，一個三、四歲的小男孩一臉頑皮的張著大大的嘴巴，彷彿在嘲笑著我……

▼愛情大祕笈▲

初戀，勇敢邁出第一步！

美女們，妳們是否還在戀愛的門前徘徊不前？猶豫著那扇門背後是否暗藏著一些兇猛野獸，讓自己受傷害。要知道就是這種既想愛，又怕受傷害的心理，阻礙了多少姐妹的幸福，在本該有甜蜜戀愛的時候，蹉跎了青春，錯過了花季的綻放，所以不要再猶豫了！趕快找個心愛的他去戀愛吧！

大多數人提起初戀的感覺是甜蜜的，但也有一些人的初戀是苦澀的，初戀的成功與否會給自己今後的人生帶來很大影響，如何能夠使初戀成功的發展下去，不給自己留下遺憾呢？不妨試試下面幾招：

♥戀愛對象的選擇要慎重

在初戀關口，往往是年紀小小，沒有經歷過太多失敗和挫折，尤其是對男生那種朦朧的好感也是說不清、道不明的，只是想和喜歡的人在一起而已。但是對方也是像妳一樣想法「單純」嗎？如果他在品行上有問題，對妳也不是真心喜歡，出於對自己的保護也一定要對這種人避而遠之。

❤製造見面的機會

當妳已經選定目標，就不要猶豫，學會主動出擊。有句話叫做「男追女隔層山，女追男隔層紗。」是很有道理的。上學、放學的路上的偶然遇見，見到他時，淡淡的打個招呼，久而久之他會對妳有一種親切的印象，這是交往的良好開始。

❤沒話找話，也是個好辦法

世界上最遙遠的距離是什麼？是我明明在你面前，你卻不知道我愛你。人與人之間的距離是可以拉近的，不要坐在那裡等待，妳不去他面前晃晃，他怎麼發現妳呢？悄悄接近他，想方設法和他說話，比如「我好像在什麼地方見過你。」、「現在幾點了？」一個紳士的男人，是不會生硬的拒絕妳的，良好的談話是一切好的開端。

♥不做顧慮重重的傻女孩

傻女孩往往會被自己的假想和帶著諸多可能性的如果耽誤了幸福，她們的愛情永遠只停留在王子和公主的通話故事裡。我們不做這種傻女孩，我們要用該把握每一次幸福，即使是失敗，也要總結經驗，不放棄愛的權利。

朋友開始，一切都很好

我留給別人的第一印象是溫婉的，不然就是活潑的，但如果相處久了，你會發現我是個有點小脾氣，個性很強的人，這樣的我怎麼會甘於這種「敵明我暗」的劣勢？

於是我開始想方設法的套他的話，卻每次都被他給識破了。

這天吃過午飯，我走回圖書館裡我習慣坐的位置上，等一個同學給我送書，約好了下午兩點時間還很早，很多人都出去吃飯了，自習室裡一排排的桌子上散著翻看了一半的書，隔壁桌放著一本金庸的《神雕俠侶》。

「哼，來自習還看閒書，浪費自習室的座位！」我心裡想著，壞

Chapter 1

眾裡尋他千百度

主意一出，想把這個人的書藏起來，但轉念一想還是算了，圖書館的書弄丟要罰十倍呢，萬一人家只是休息時間看看，而且家境貧困的窮學生怎麼辦？這不是我這種心地良善的淑女所為，還是專心看自己的書吧。

午後的日光落在優質的紅木書桌上，暖洋洋的，感覺像一個溫柔的懷抱，力度輕柔恰到好處。

「好舒服哦！」我懶懶的趴在桌子上，不去管飯後的脂肪堆積，緩緩的閉上眼睛，不知不覺的進入了那個美麗誘人的夢中花園。

夢裡我依舊陶醉在橘色的陽光裡，我身穿白色輕紗裙，裙邊有我最愛的精美的蕾絲花邊，輕盈的在花間飛舞。

花圃盡頭一個身材修長的男孩手持一束玫瑰站在那裡，他臉上帶著一張面具，透過面具的雙眼清澈無比，好像似曾相識。

你，是誰？他微笑不語，我緩緩走近他，伸手揭開他的面具……

「我一定會知道你是誰！」我在夢中大喊，被旁邊的好友小芝推醒。

「我說小姐，妳注意一下形象好不好，說夢話還這麼大聲，妳看人家都在看我們這邊了！」我用尚有些惺忪的眼睛環顧了一下，大概我睡了很久，周圍已經來了不少人，目光都被我剛才的叫聲吸引了過來。

「哎，妳身上這件衣服是誰的啊？」要不是小芝問我，我還沒發現自己睡覺時有人披了件外套給我。

「不知道哎。」我仔細端詳著眼前的衣服，好像是哪個系的系服。

「是電腦系的衣服耶，還是個男生的呢！」小芝說的沒錯，我也想起來了，的確是電腦的系服，我們宿舍的楠春就是電腦系的，看她穿過一次。

這件衣服很大，主人應該有一百八吧，我想，會是誰呢？我不禁想到了剛才的那個夢，那個假面人，又會是誰呢？

……

入夜，我躺在床上，有些睏了，卻依舊堅持的等待著那個人的訊息，幾個月的來往，我還不知道他的姓名，手機上把他存的是「路人甲」。

十一點，他的訊息如約而至。

路人甲：小兔子，下次別在窗邊睡覺哦，容易感冒！

兔子：你怎麼知道我在窗邊睡覺中午的那件衣服是你的

路人甲：嘿嘿！

兔子：真的嗎？你也在自習室？今天？

路人甲：是啊，都被妳的打呼聲吵到了，妳的口水沒弄髒我的衣服吧？

兔子：討厭

……

道了晚安，路人甲消失在手機關機的鈴聲裡，但是我卻被剛才那幾條訊息搞的異常興奮！原來你是電腦系的，哈哈，這下看你還往哪裡跑，我用眼睛斜瞄了一眼在熟睡的楠春，心想：路人甲，你就要出現在本姑娘面前了！

▼愛情大祕笈▲

瞭解自己的戀愛需求

一個女人一生之中會接觸到很多男人，但是他們卻不能夠全都成為妳的戀人，更多的是作為朋友而相處的。這些男人之中哪些值得託付終身，往往是女人感到最為頭痛的事情。

在著名的小說《生命中不能承受之輕》裡，女主角的母親在年輕時曾經貌美絕倫，當時有不少年情人向她表達愛慕，他們為了得到她的芳心使盡了種種手段，這位美女也在種種的討好中變得有些飄飄然了，連自己也不知道選哪個好。

最後她嫁給了女主角的父親，一個遊手好閒沒有大志的男人，在結婚之後，她經常會抱怨自己為什麼沒有嫁給那個送她玫瑰花的男人，或者那個送她晚禮服的男人，如果是那樣自己就不用每天在小餐館裡洗盤子了。

小說雖然是虛構的，但是在現實生活中，女人往往應為一個錯誤的戀愛選擇而讓自己痛苦不堪，為了避免自己在日後吞食今天不負責任而導致的苦果，女人必須在戀愛之初清醒為自己做出選擇，也許妳還對戀愛沒有概念，不知道什麼是對的，什麼是錯的，但是妳要謹記有幾種男人在妳沒有超強的防護力前是碰不得的！

♥不懂欣賞妳的男人

如果一個男人不懂得如何去欣賞妳的優點，那麼即使妳對他有好感，也不能和他談戀愛，因為長久的相處之中他不能發現妳的好，必然會不懂得珍惜妳，這不好，那不好的抱怨，會讓妳頭痛，不如一開始就遠離這種冤孽吧！

♥對女人凶的男人

一個不懂得如何尊重女性的男人，不要妄想著你們在一起之後他會學會如何去尊重妳，因為妳也是女人中的一份子，他已經習慣蔑視。要知道一個真正有男子漢氣概的人，絕不是大男人主義的標榜。

♥沒有共同語言的男人

一個和妳完全沒有共同語言的男人，可能一開始你們會被彼此的不同所吸引，但是久而久之生活可能就會出現問題，因為你們沒有共同的興趣，你們會經常陷入冷場，當激情不再的時候兩個人要如何相處呢？

♥想和妳上床多於關心妳的男人

一個男人如果和妳在一起只是為了上床，那麼他一定不是真心的喜歡妳，雖說男人是用下半身思考的動物，但是如果他只會用下半身思考你們之間的關係，那麼顯然這段關係對他來說只是身體上的一個遊戲罷了，及早識破他的嘴臉，可以讓妳身心都免受傷害。

♥要求妳為他改變的男人

一個男人總是對妳有諸多的要求，一會希望妳變成這樣，一會又希望妳變成那樣，這樣的男人顯然根本不懂的他要什麼，他的性格也必定是變化多端。這樣的男人是極不成熟的，所以遠離他，要一個願意為妳改變的，妳會開心得多。

❤小氣的男人

一個小氣的男人，會讓你們以後的相處增添很多不和諧的音符，他的小氣總會讓他顯得那麼的不可愛，沒有人喜歡一個總是斤斤計較，時刻抱怨的人，妳也一樣。尤其是他會疑神疑鬼的懷疑妳和別的男人有染的時候，真的會把妳氣炸的。

你對我來說，很特別

有了楠春這個可靠的「八婆」，我認為抓住路人甲是個指日可待的事情。楠春是我的好姐妹外加室友，為人三八、熱心腸，最大的好處是不三八我，而且十分講義氣。

第二天一大早，我顧不上楠春的抗議，就把她從床上揪了起來，分派任務給她。線索很簡單，目標已經鎖定在很小的範圍了，她只需要神不知鬼不覺的拿著「路人甲」的電話號碼去給我查清楚這個人的真實身分就可以了。

沒想到楠春的速度竟然這麼快，傍晚時，楠春傳了訊息給我，要我在小花園等她，她有大發現！

Chapter 1

眾裡尋他千百度

所謂的小花園是學校後面廢棄的一角，早就沒有人在這種花了，但是野花卻開的旺盛，尤其是在這種初夏時節，遠遠的就能聞到一種清新自然的花草氣息。

野花叢中間有一座年久失修的小亭子，寂寞的立在那裡。學校的同學很少來這邊，一是這邊破落沒什麼景致，二是傳說這裡鬧鬼。我是個無神論者，對待這些流言也並不在意，我只是喜歡這裡的安靜愜意，興致好會到這裡來散步，楠春等一幫姐妹也受了我的影響，開始愛上了這個地方。

我下課到了小花園，剛入小徑，楠春就「嗖」的一聲躥了出來，臉上詭異十足的對我說：「喬小安，妳從實招來！怎麼惹上了我們系的大帥哥？」

「什麼大帥哥？」難道是「路人甲」？我心裡小鹿早就亂撞到不行，表面上還佯裝鎮定。

「就是妳給我的那個電話號碼啊，是我們系的大帥哥余浩凡啊，他可是我們系的風雲人物哦！」

在楠春公佈謎底之前，我曾靠著自己的想像，描繪過「路人甲」的樣貌，雖然試圖把他想像的帥一點，但每次都被自己否定了，因為在我的邏輯裡，帥哥是笨的，而我不喜歡笨男人，所以我是個花癡不起來的女人。

晚上，我和楠春鬼鬼祟祟的來到了圖書館，大概真是做賊心虛的心理吧，今天進圖書館沒了往日的坦蕩，走路都躡手躡腳的。

我們趴在自習室的窗子邊，楠春用眼睛搜索者，忽然她眼睛發出了一道閃電差點刺痛了我的眼，拉著我興奮的說：「第三排最外面的那個，就是余浩凡！」

我順著她的目光望去，眼光停在一個專注看書的男生身上。

我是見過他的，經常！的確這個人在我印象裡並不陌生，而是有一個大概的輪廓存在的，甚至有某次我和他擦肩而過時，心中曾暗自贊許過他氣質的印象，原來就是他！

那天晚上，「路人甲」，不不不，是余浩凡同學，還是像往常一樣傳來訊息問候，但是我的心情卻很不一樣，因為我知道他是誰了。

路人甲：兔子，妳今天很不對勁哦！

（這都能感覺到，厲害！半年多的簡訊來往，他已經能夠在手機的另一端上感受到我的喜怒哀樂了。我不知道自己是怎麼了，知道了真實的他，心裡竟然開始有一種情緒在暗湧，不過此刻我並不能解釋這到底是一種什麼情緒）

兔子：路人甲，你想過我們真的見面嗎？

路人甲：想過啊，適當的時候我會出現在妳面前的，早點睡吧！

關上手機，我滿腦子都是那張連話都未和我說過一句的人，我從未試過這樣去想一個人，也許他很特別吧！我這樣對自己說，快睡吧！反正夢裡他也會來……

▼愛情大祕笈▲

慧眼識男人

女人們的青春是有限的，如果交往之後又發現彼此根本不合適，那麼就是對青春的大大浪費，不要告訴我妳只在乎過程，不在乎結果，我相信一百個女子中只有一個會真的以此為然，大多數都是會後悔不迭的。

為了自己能夠有一次圓滿的、開花結果的美好愛情，不要在付出一切之後產生類似於「真沒想到他會是這樣一個人！」的抱怨。女人們要在一開始就擦亮眼睛，鑑別好男人才行！

❤從相貌去判斷一個男人

古時候看相有以貌觀人一說，雖然看似無理，但是卻很多人都很篤信。看男人其實按其所說，也是有跡可循的。要重視自己的第一感覺，如果妳第一次見他就對他的相貌反感，那麼多數情況下，妳不用再浪費時間去跟他耗了，因為妳會越見越反感。

同樣，一個相貌太好的男人也要不得，這樣即便他不是個花心之人，妳每日也會如坐針氈，尤其是當妳的容貌漸漸衰老，而他還是四十一朵花的時候，妳就更加會整日提心吊膽了，這種男人會讓妳操心不少。

♥聞其言，觀其人

好男人壞男人，一說話便知道，這不是不可能的，大多數一聽他說話就能夠聽個八九不離十。比如一個男人和妳談及他的工作，沒有熱忱之心，那麼妳就不用對他的事業有太高的期望。如果他只懂得跟人抱怨，那麼就不要指望他能夠認真的對待別人，他很可能是個不喜歡進取的人。

如果你們聊天的時候，他一味的顧著自己說，而根本聽不進去妳說什麼，或者是太喜歡打斷妳，不注意傾聽，這種男人也應該敬而遠之，因為他很可能是大男人主義，不尊重女性。

如果一個男人很喜歡和妳談他的偉大理想，但是卻很少付諸於行動，這種男人也不可取，他註定是一個失敗者，而且是個只會發牢騷的失敗者。

♥手相識男人

手和臉一樣，都是獨一無二的，世界上沒有兩個人有一樣的掌紋，有一樣的手相。一般來說，手掌大的男人的神經反應是很敏感的，相反，一些手掌小的男人則性格比較單純，想法少些。

手掌有肉的男人，在交際場合裡會比較體貼女性，很受歡迎，但是這種男人也會比較花心，如果要託付終身，就要想清楚。

手指長的男人，比較有藝術氣息，他們往往心靈纖細，容易多愁善感，這種男人容易吸引很多女性，但是往往難以依靠。手指短的男人則會比較務實，他們上進喜歡拼搏。

♥由坐姿來評判男人

喜歡靠在椅背上的男人，比較權威，這種男人會比較傲慢，不懂得體恤他人的感情。喜歡把手搭在把手上的男人，認為這樣可以表現的很輕鬆，但是恰恰相反，

玫瑰在心中盛開

窗外的風陣陣的襲來，拉緊了大衣走出去，我呵出一口氣，在眼前立刻就凝成了一團霧，真冷！再再拉緊大衣，加快了步伐走向街角的咖啡館。進了門，我挑了個靠窗的座位，看外面的街景。今天天氣很陰沉，我想等等就要下雨了吧。

想起冬雨的那帶著陰冷的溼答答的感覺，我趕忙啜了一口熱咖啡，驅走這種還未賦予現實的幻想。不再看窗外的街景，只專心的聽著咖啡館裡的愛爾蘭小曲。

桌上的一朵玫瑰引起了我的注意，這朵花開的很飽滿，被插在一個簡約精緻的小花瓶裡，襯著雪白的桌布，很可愛。相似的一副遙遠的畫面，又浮現在我的腦海中。

幾年前，當我還是個嚮往愛情的熱情的女孩，我就很喜歡花，我經常會在宿舍裡養些花花草草，如果有一天有哪盆花盛開了，我都會開心一整天。懂得用花來虜獲芳心的男人是有情調的男人，不得不承認過去的那個余浩凡還是很浪漫很有情趣的。環境可以塑造一個人，也可以改變一個人，在那個單純的環境裡，我們都執著的可愛，可以為愛情犧牲一切，至今想起仍叫人感懷。

……

那時候，余浩凡還不是我的男朋友，他只是我手機裡的路人甲，但是每次聊天之後，這個路人甲都會很體貼的發一個玫瑰花的圖片給我，然後祝我晚安。

玫瑰代表愛情，我雖然無數次的提醒自己它只是個路人甲，但是心中仍然不自覺的多了一份憧憬。

由夏至冬，一晃我們相識已經近半年，半年裡雖然日夜相伴，卻始終沒有見面，雖然我幾次想要見他，但是出於女孩子的矜持，每次剛想開口我都把話硬生生的吞了回去，所以我和他終究沒有見過面。我不知道他是怎麼打算的，還是想一直這樣做一個心靈上的知己？

寒假來臨，我得知他要和導師去北海道實習。北海道？一直是我嚮往的地方，我對那裡的最深的印象是一片雪白，白的純淨無暇。台北不會下雪，那種印象，更讓我充滿了期待。想到這些，我忽然有一個奇妙的想法，那就是……

為什麼不呢？我奸笑。

……

北海道的雪很美，就如我想像中的一樣。我第一次站在雪地中，聽著腳下發出的吱吱的響聲，感受著那奇妙的觸感，就被這雪的世界給征服了。這是個浪漫的地方，最適合情人之間。一切都在計劃之中，我的臉由於激動而變得有些發熱，「余浩凡，親愛的，這次你被我設計了！」

「路人甲，今天怎麼樣？那裡冷嗎？」我拿出手機傳了一條簡訊給他，內容還真是明知故問。

很快手機有了反應：「冷！不過很高興！」

「高興？為什麼？」

「因為這邊下雪了！而且是好大好大的雪！是在台灣絕對看不到的那種！如果能和妳一起看就好了！」

呵呵，正中下懷，看來我越來越瞭解他了，我忍不住奸笑道：「你想跟我一起看？」

「是啊！有沒有興趣一起賞雪？」

「喔？你終於想和我見面啦？」我感覺自己就要得逞了，他就要掉入我的圈套中。

「是啊！其實我早就想跟妳見面了，而且我也知道，妳一定也看到了我的廬山真面目。是不是被我的帥氣打動了啊？」

「臭美！給你一個天賜的機會！想見我的話，兩分鐘內滾回宿舍！」

「拜託小姐！妳知道我在北海道啊！就算現在去買機票，最早回到宿舍也是中午了！」

「哼哼，誰叫你愛裝神祕！活該！再說，我說是學校的宿舍了嗎？」我回他之後，腳已經開始往他們飯店門口挪動。

當我奇蹟般的出現在余浩凡面前的時候，他的嘴巴張大，出現了有史以來最呆的呆樣，甚至都有點結巴的叫我的名字：「安……喬維安……」他沒有想到我的到來吃驚的要命，但是馬上又顯出很欣喜的神情，給了我一個大大的擁抱，我感覺溫暖無比，任由他抱著，我在他懷抱裡微笑。

「妳給了我那麼大的驚喜，我也要給妳一個！」他對我說，然後把我拉進了小樹林，走到一片潔白的空曠地旁。

在雪地上，畫著一個巨大的玫瑰花，而玫瑰花的旁邊，清晰地寫著幾個大字：給親愛的安。

我記得那天自己哭了，感動的哭了。我看著他，已經吃驚的說不出話來，原本是要給他驚喜的，但是還是被他搶先了，就在那天，玫瑰變成了我的最愛，因為它們已在心中盛開。

現在想來，我那天完全是被余浩凡牽引著，我不知道他是怎麼想的，後來也沒有問過，但是他顯然是比我冷靜的，他精心的帶領著我走入了他的「愛情圈套」裡，最終讓我無法自拔，可以說他是一個很好的獵者，儘管他自己並不承認，但是顯然他對我的追求是精心佈置，且步步為營的，我不是說這樣不好，如果所有的男孩子在追女孩的時候都能像他一樣做的完美，那麼幾乎不會存在什麼失敗的案例。

▼愛情大祕笈▲

做一個懂得浪漫的風情女人

男人所鍾情的女人是什麼樣的女人呢？這是所有女人都想知道的問題。因為每個女人對愛情都有渴望，都希望有人來愛，但是卻不是每個女人都能得到。

有些性格呆板的女人會產生疑問，為什麼我相貌姣好卻沒有人愛，為什麼她看起來平庸，卻很多人愛。發出這樣疑問的女人啊，妳們還不瞭解男人，妳們不懂得他們想要什麼，他們想要的是哪個風情萬種變化多端的浪漫小妖精，妳也不是不可以！

❤關於浪漫女人的描述

什麼樣的女人是浪漫女人？所謂的浪漫女人，她們不一定有著沉魚落雁的美貌，但是卻一定要聰慧可人，她們也不一定要很聰明，但是卻一定要有靈氣，不一定要完全依賴，但是一定要精神獨立，總之她們就是這樣變化多端，難以琢磨，她們多數都有一份獨立的工作，並且人格獨立。她們對生活有熱情，對愛人有激情，像一個永遠也開發不竭的寶藏，讓男人心曠神怡。

❤妖精女子的感言

妖精女人是一件藝術品，她們只為那些懂得欣賞的男人。這些妖精們如此美輪美奐，讓這些男人們為之神往。堅強、溫柔、聰穎、純情是她們的特點。她們總是那麼的變化多端，讓人感覺琢磨不透，她們時而性感，時而溫婉，時而潑辣，時而賢淑……

總之，她們永遠能帶給男人出其不意的新鮮感，讓他們永遠不滿足，不厭倦。她們對愛情，可以愛的單純，也可以愛的複雜，但是她們共同的特質就是愛的無怨無悔，愛的轟轟烈烈，他們獨立的讓人心疼，卻也讓人敬佩。

妖精們，用生命去書寫藝術，用愛情去表達渴望，她們用自己豐富的思想來包裝自己，讓自己美麗的無懈可擊。她們相信自己在走自己選擇的路，有一天會幸福和成功！

❤窈窕妖精，君子好逑

那些端莊賢淑的的淑女時代已經過去，因為她們的單一和一成不變讓男人感到索然無味，娶一個這樣的女子當老婆，固然會感到安心，但是生活又怎是圖個安心而已？尤其是那些貪心的男人更加不會滿足，一個妖精才是他們夢寐以求的。

女人有很多種，妖精也不是天生而成的，她們也是經過時光的雕琢，有所閱歷而生的，更多的妖精氣質是需要女人們不是誰都具有天生做妖精的資本。這是靠對時尚的敏感度和敏捷的思維修煉出來的。

俗話說，男人用眼睛看世界，男人注重的是視覺效果，在美貌和聰明之間，男人會斷然的選擇前者，不要在捧著過時的思想理念在那自欺欺人。以為有得一首好手藝就可以留住他的胃，從而留住他的人。試問，妳天天給妳的老公洗衣做飯，妳能留的住他嗎？。還不是被那些光鮮耀眼的妖精們給迷走了。所以呢，光會賢慧已經不是殺手鐧了，需要修煉成妖精。

上輩子的你是我仇人

Chapter 2

相愛何必曾相識

「Ann，怎麼看妳都不像要結婚的樣子，工作還這麼賣力呢！」小喬邊喝咖啡邊投來敬佩的目光。小喬是我工作後認識的朋友，跟我一樣是一家公司的人資主管，我們是在一次同行的聚會上一見如故的，之後就成了無話不談的好友，她知道我要結婚，所以今天特意從台中上來台北來祝賀我。

「嗯，工作優先嘛，老公也會理解的！」我笑笑說，的確，對於徐啟然這點信心我還是有的。

「妳以前可不是這樣的哦，記得上次妳的大學同學說妳，上大學時可是不學無術，燈紅酒綠呢。現在成長成上進的女強人，是什麼讓妳轉變的呢？」小喬好奇的問我。
「這個嘛，是個祕密！」
「我們之間還有祕密啊！」她不滿的朝我翻了個白眼，
我莞爾一笑，望著窗外的車流，思緒飄到了遠方……

你心裡曾經的那個她

戀愛中的女人是幸福的，對於我這個剛剛墜入愛河的小丫頭來說，初期的戀愛總是像浸到蜜裡一樣甜。浩凡是個體貼的男生，每天早上會買好早餐叫我起床，然後一起去自習，晚上看完書就一起回來。

朋友都說我是個幸福的小女人，小詩說每當聽到這些我都會情不自禁的笑的很誇張，一副欠揍相，我百般狡辯，也沒人相信我，因為我是那種很容易把情緒寫在臉上的人。不過這種幸福卻在一天嘎然暫停了。

這天我像往常一樣和浩凡．起下自習，我們手牽手，一路心情愉快，像極了兩個剛談戀愛的國中生。忽然浩凡的手機響了，他看了一眼來電顯示，有幾秒鐘竟然愣在了那裡，他遲疑了一下，最後還是接了電話，不過一邊接電話一邊走向了遠處，漸漸的我聽不見了他的聲音。

我呆在原地，竟然有種不知所措的感覺。我是個自尊心很強的女孩，他有意不想讓我知道的談話，我是不會死皮賴臉的硬要聽的。

雖然理智上告訴我是應該給他自由的，但是情感上我卻覺得自己被他冷落、隔離了，一種不被信任的感覺在心中激蕩。是什麼樣的電話讓他要躲開我，不想被我聽到？我心中充滿了問號。

我等啊等，為了排解自己的壓抑情緒，我和旁邊報攤的老闆聊天，等了十分鐘左右他還是沒回來，我有點急了。這是我跟他在一起之後第一次感到煩躁，之前我一直以為他是能讓我安心的那個人，那個特別的人。

後來當經歷了很多事之後我才明白，當你真正愛上一個人的時候，你就給了他傷害你的權利。他可以拿著一把尖刀在你心上肆意的狂戳，而你無能為力，只能默默忍受，因為你愛他，別無他法。沒有愛哪來的恨？這就是愛情吧。

我後來常想，如果沒有相遇，沒有愛，我會是怎樣。這已經無法想像，因為我已經嘗盡了愛情的苦澀，再也回不到從前。

又過了半小時，浩凡才回來。他本以為我走了，結果發現我坐在路邊看雜誌，於是很歉疚的過來說：「安，對不起，剛才接了個電話。」我抬頭看他，也許是因為等得太久，太生氣反而沒氣了，也許是剛才看到的文章比較吸引我，我也說不出來，總之我很平靜的微笑說：「沒關係，我們走吧！」

路上他有些不安，我不知道是怕我生氣的不安，還是剛才的電話內容讓他不安，我握著他發冷的手忽然感到有些陌生，平日裡他的手是多麼溫暖！

「今天的手有點冷呢！」我想打破僵局。

「剛才是我前女友打的電話！」浩凡突然所答非所問的說道，他的目光聚在路旁的小樹上，故意不看我。

前女友？是啊，不是誰都像我這樣過了二十歲才開始初戀，他有過女朋友這是很正常的事情，更何況浩凡是這麼優秀的男生，他英俊、有才華、上進……可是為什麼我的心這麼酸呢？吃醋？大概是吧，原來那種偶像劇中演的都是真的，而且為什麼分了手還有聯絡？

我強擠出笑容說道：「喔，你以前都沒說過呢！她找你有事嗎？」

「她是我高中同學，打電話是想復合，不過安安，我現在愛的人是妳，我已經拒絕她了，我原本就對她沒感覺，是她先喜歡的我，我總覺得自己在感情上虧欠她……」浩凡一個勁兒的跟我在解釋，我感覺自己的腦袋裡亂七八糟的。想復合？那當初為什麼分手？他們感情好嗎？是不是也像我們一樣每天牽手散步？一連串的問號在腦子裡像跑馬燈一樣，我竟然不知道自己該說點什麼。

「喔，好，你要是想回她那裡就回去好了！」我冷靜的說，然後轉身往宿舍走去，不想理他，淚水已經奪眶而出，莫名的委屈上湧。

此後的幾天我都沒有理浩凡，雖然我知道他前女友找他和他沒什麼關係，他也拒絕的很乾脆，但大概是沒有戀愛經驗吧，我對感情就是眼裡容不下沙子。一想到他曾經和另一個女生一起牽手甚至是接吻，我就對他有種莫名的討厭。

▼愛情大祕笈▲

如何面對他的前任？

愛情是兩個人之間的事情，可是有時候卻不是這樣的。很少人一生中只經歷一次愛情，大多數人而言都會有好幾次的戀愛機會。戀愛總是在尋尋覓覓，你追我逐中度過。你愛她，她不愛你，可能就這樣錯過了。對的時機遇到對的人是一種幸運，可是那些還心存留戀的已成為過去式的人應該怎樣對待呢？

女人都是小氣的，不管妳是多麼強勢，多麼堅強，但是面對感情都會有脆弱的一面，當妳的那個他曾經有個深愛的她，妳會怎麼去面對他的過去呢？沒有深愛對方的時候一定會說：「無所謂，那些都已經過去，我不在乎！」但是當妳真正深愛的時候，又怎麼能無所謂，又怎麼能不在乎呢？

妳吃醋、妳難受，但是在這個時候最忌諱的表達方式就是狂躁的指責對方，或是咒罵前任，男人和女人的理解方式不同，他很難體會到此時妳的心情，他只會覺得妳是在無理取鬧。爭吵沒有任何意義，只會傷害你們之間的感情，把他往天平的另一端推。理智冷靜的解決問題吧，女人，如果愛，請冷靜的愛！

❤前任只是個過去式

首先妳要記住，那個前任只是個過去式，而妳才是現在進行式。如果妳確定妳的男人是愛妳的，那妳就要堅持下去，因為妳也會是他的將來時。一個人不能輕易放棄任何事，尤其是感情，每一段感情都要經歷一些波折，這是很正常的事情。相信妳的男朋友才能夠平安度過風浪。

❤問問自己的心

談戀愛，什麼是戀愛的感覺只有自己知道。如果男友的前女友就是想氣妳的話，那麼妳越是生氣就越是中了對方的圈套，她就會越開心，妳應該神情氣定，要知道妳才是現在的正牌，沒必要為了過去的事情糾結，拿出你們幸福的事情給她講，她肯定會先亂了陣腳。

❤要有自信

他的前女友學歷高，家裡背景好諸如此類的種種，都說明她的條件十分優越，妳是不是知道了這些就妄自菲薄？記住妳就是妳自己，妳沒有任何必要和她比較，如果妳男友喜歡這樣做的話，那說明這個男人也不是真的愛妳，真正愛妳的人會看到妳身上的優點，知道為什麼和妳在一起，所以妳只要做自己就好。

男人的嫉妒心

都說女人是嫉妒心很強的動物，我卻覺得男人要是嫉妒起來比女人更可怕。其實天下的男人都一樣，即便是現在已經而立之年的徐啟然，有時候也免不了醋勁陣陣，雖然他為了保持自己成熟的形象會極力的掩飾，但是我看著他那有些酸酸的樣子仍舊覺得好笑。

有一次，徐啟然在我手機裡發現了一條「曖昧」訊息，又要假裝大度的不作聲，結果一晚上都陰陽怪氣的，最後才憋不住問我，一問之下才知道那人是我表弟，搞得他尷尬的不得了。偷笑的同時，我忽然想到了一個人—余浩凡。

因為平時看起來脾氣好好的浩凡，竟然也會因為嫉妒抓狂，在事後的多年，我會想起這事早沒了當初的鬱悶，更多的是有一種時過境遷的淡淡甜蜜。

人說第一次的戀愛總會讓女人成長，這話一點都不假。那時候雖然我是眾多男生追逐的對象，但是因為一直以來都拒人於千里之外，所以對男生的心理並不是十分瞭解。我一直以為男人真的像他們自己所說的那樣心胸開闊呢！但事實正好相反，他們的心眼小的像針一樣，尤其是對他們所愛的女人。

……

他第一次醋意大發是在我毫無準備的情況下，那天一個大學兼高中的學長畢業要離校，我們平時關係不錯，他也不知道我有了男朋友，於是也沒什麼避忌的請我吃飯。平時一起吃飯都是很自然的事情，所以神經大條的我也沒有多想，毫不猶豫的同意了。

學校附近有家很棒的餐廳，是我們很喜歡的美式餐廳，同學聚會一般都會選在那裡，很熱鬧，因為我愛吃所以平時我和浩凡也經常去。

那天我和學長理所當然的選了這個地方。窗邊的一張小桌，我們倆對坐著。

我們都善飲酒，要了兩瓶啤酒，我喝的臉紅紅的，有些微醺，配上我白皙的皮膚，大概是挺漂亮的吧！學長大概也有點喝茫了，他竟然癡癡的看著我，我心裡還想，他怎麼突然變成了一個呆子？

「安安，妳知道嗎？其實我一直是喜歡妳的！」他忽然看著我，很認真的說道，我有些驚愕的看著他，我和他認識兩年，我上大學的第一天就是他接我的，他喜歡我？我腦子快速的回憶了一下，好像不是不可能，他一直對我非常好非常好，甚至比浩凡都要好一點點，真的沒理由這麼好的！

他可能是發現把我嚇到了吧，趕忙說：「沒有啦，開玩笑的啦，看妳認真的咧！」

「你嚇死我了！對了，學長，有件事情我還沒告訴你呢，我有男朋友了。」我看苗頭不對，趕快把擋箭牌推了出來。

就當我和學長你一搭我一搭的聊天時，在不遠的地方有一雙眼睛已經怒火中燒，恨不得把我們兩個吞了，我卻絲毫沒有注意。沒錯，這個人就是余浩凡！

也許是我微醺的面龐，有些面若桃花，給旁觀的人有了錯覺，也或許是學長太過熱烈的眼神引起了別人的懷疑，總之，浩凡誤會了！在他理解上我是背著他，偷偷和別人約會！

而我正想調侃著把剛才的尷尬掩飾過去時，猛地一抬頭發現了浩凡正站在了我旁邊，正怒目圓睜的看著我，不過我當時卻沒有注意到！

「咦，真是說曹操，曹操就到啊！學長，這就是我男朋友余浩凡！太神奇了，我剛說到你，你就出現了！」我欣喜的說道。

「說到我，說到我什麼？」浩凡揚揚眉毛，有點挑釁的說道。

「說到我男朋友啊，這位是我學長，我和你提過的！」我才意識到差點忘了介紹學長。浩凡很禮貌的和師兄打招呼，但是我隱約覺得有些不對勁。後來他加入了我們的飯局，不過那頓飯後來吃的很無聊，感覺兩個男人總是在較勁，沒有什麼愉快的話題，吃的很彆扭。

回去的路上，浩凡一直沒理我，傻傻的我還一個勁的問他，此後的三天他都對我冷冷淡淡，最後我才問出原因。

▼愛情大祕笈▲

如何面對妳的前任？

男人也有嫉妒心嗎？當然了，嫉妒心並非是女人的專利，男人要是吃起醋來，一點也不比女人差勁，甚至要更加強悍，與男人這個醋缸比起來，女人頂多算是個醋罈子。而且男人的嫉妒心更加可怕和兇猛。放眼動物世界看去，為了爭奪雌性的佔有權的雄性，經常是動輒就要性命相鬥的。

❤男人嫉妒和女人嫉妒的不同

一直以來，人們都會認為男人的嫉妒心要弱於女人，但是事實並不是如此的，男人的嫉妒心要遠強於女人，只是他們不喜歡表現出來罷了。當他們嫉妒時，他們會表現出不嫉妒的樣子。這是因為男子漢是被人為不能有嫉妒心理的，若果表現出來會被其他的男人鄙視。

❤另一種表達方式

男人心存嫉妒的時候，會強迫自己憋著，但是到憋不住的時候，他們也會用自己的方式表達出來，只是他們的方式委婉多了，不像女人那麼直接。他們更加喜歡用一種拐彎抹角的方式去表達。比如他們會問：「妳昨晚是和Ａ一起吃飯嗎？」如果遇到這種情況，妳可以試著跟他商量一下，去之前尊重他的意見，他的醋勁就不會那麼大了。

學業VS愛情

學業和愛情究竟哪個重要？很多人都會問這個問題。但是男女給出的答案卻是完全不一樣的。這點從男女談戀愛後的不同表現就可以看出，男生大多談了戀愛後，過了熱戀期就會發奮上進，這是因為未來男人的角色在等待著他們，他們必須努力才能夠好好的去應對一切變化。而女生則正好性反，戀愛是她們最難以抗拒的毒藥，談戀愛對於女生來說無疑是學業的殺手，很少人能夠愛情學業兼顧的，大多數都是容易戀愛而荒廢了學業，我自然也不例外！

我本來就是個對學習興趣缺缺的人，現在談了戀愛，我更是全部心思的都花在了浩凡身上，還翹了自習時間跑回了宿舍熬湯，聽小詩說玉米豬蹄湯最養胃，一想到浩凡冬天裡胃寒容易胃痛，我就特地去超市買了兩斤豬蹄，準備給他大補一下。

這已經不是我第一次為他煮飯了，近來他學業比較忙，要考好多資格考試，我看見他讀書讀的這麼累就心疼，因此已經先後煮了冬瓜排骨湯、銀耳蓮子湯、烏雞參湯為他補身。看他日漸紅潤的笑臉，我心裡開心的不得了，比我自己得了第一名還開心。

湯在鍋裡熱騰騰的煮著，我時不時的就要跑去看看，翻騰兩下。宿舍裡的另一個人看了眼紅，說道：「安安，妳也太賢慧了吧！余浩凡可要幸福死了！」

「什麼啊！我們家浩凡可是要長命百歲的，尤其是喝了我親手煮的湯以後。」我可不喜歡別人拿死不死來說笑。

「不過安安，我勸妳還是好好唸書吧！別花在他身上的時間太多了，我們這學期課業這麼重，妳要是被當了會影響很多欸！我可有前車之鑑呢！」室友收起打趣的神情，認真的對我說道。

「嗯，我知道了！」我雖然嘴上敷衍，但是我心裡知道她說的對，我經常忙於約會，書早就沒好好唸了，即將到來的期末考試，似乎真的很頭痛，如果被當，很可能影響之後的實習。她曾經為了男友付出了很多，最終兩個人還是以分手的結局收場，實在是不能不叫人寒心，難道我的付出有錯嗎？

這些念頭在我的腦子中一閃而過，戀愛的女生是沒有理智的，她們很難用理性去思考問題，我也是！當熱呼呼的豬蹄湯香味溢滿鼻息的時候，我哪裡還考慮得那麼多，一心只想得到男朋友的讚揚，看到他喝湯時臉上幸福的表情！

這年的初冬天氣格外的冷，我圍著厚實的圍巾，抱著一罐子熱呼呼的湯，瑟縮的站在圖書館門口等他，終於看到了他的身影。兩個人找了個人少的地方。正當我充滿著幸福看著他咕嚕咕嚕的喝湯時，他忽然對我說：「安安，快考試了吧？妳看的怎麼樣？沒必要就不要為我煮這些東西了，浪費時間！」

現在想想，可能說者無心，聽者有意吧，我只記得當時我十分委屈的哭了，哭得很凶，浩凡摸不著頭腦自己那句話說錯了，而結果呢？真的被我那個女巫室友說對了，我確實被當了，並且還一當就是兩科！

▼愛情大祕笈▲

如何解讀男人的事業心

女人面對男人的事業心時是無比矛盾的，她們既希望男人是個溫柔體貼，心思縝密的知心人，又希望男人能夠在外撐起一片天讓女人安枕無憂，但是事實往往是不盡如人意。大多數男人都做不到這樣。愛情和事業總是難以兩全。

女人在抱怨男人的事業心的同時，有沒有想過，男人為什麼一定要要求自己有事業心呢？其實某種程度上來說，男人的事業心並不是天生的，而是被動的，在外在的環境的逼迫下，不得已而為之的行為。

美國的心理學家曾經做過一個關於男性事業心的調查，結果顯示，大多數男人並不真正的熱愛自己的事業，他們的事業心很大程度上是被那些望夫成龍的妻子逼出來的。幾乎所有的女人都希望自己的丈夫能夠有在事業上有所成就。

一個高級的未婚金領是被稱作鑽石王老五的，這樣的男人符合女人們的擇偶觀，他也會多了更多的選擇機會。因此，男人是需要事業有成的。再者，男人很看重周圍人的評價，在乎自己在家庭裡的地位。如果一個男人的事業平平，周圍人就會看不起他，也會失去妻子的尊重。所以男人怎能不努力，不奮鬥呢？

錢是感情的度量衡？

像我，已經快三十的女人了，在職場打拼多年，人情世故也看了不少，身邊很多人開始越來越在意物質，感情在他們眼裡已經變得很稀薄了。

「這是個金錢的社會，沒有錢哪來的感情？」如果在很多年前，我是不能想像這種刻薄、世故的話是出自小詩那張純真的嘴巴裡的。曾幾何時，我們是那麼的相信愛情，如今她在受傷之後已經變的對愛淡漠，正如她所說，對虛無飄渺的感情她已經不再過多的在意，更多的會把精力放在事業上。

「一個口口聲聲說愛我的人，提了錢就嚇得沒了影子，妳說這種人我跟他說愛有用嗎？」小詩憤憤不平的說道，保養的細嫩的手熟練的在菸盒裡抽出一根菸，抽起來。我點點頭，心裡卻不這樣想，不過面對一個曾經受過傷的女人，多說無益，她有自己的價值觀，無所謂好或者不好。

「不過妳這次選的不錯，小安，徐啟然是個有錢的好男人，不像妳上一任，要妳跟著他受苦，太辛苦了！當初我都替妳覺得不值，還好妳把他甩了。想當年你們在學校的時候，他多窮！」我一直沒說話，小詩一個人在那裡嘮嘮叨叨的說個不停，不過她說的是事實。這番形象的描述也讓我想起了那個許久不見的前夫。

女人是感情動物，如果她真愛一個男人的時候，很少會去考慮這個男人的口袋裡到底有沒有錢，如果沒有，大多數的時候她也並不在意，而是選擇和男人同甘共苦，把這當成是一種幸福，這也許就是女人最傻的地方，當然也是女人可愛的地方。

我和余浩凡認識不久他就主動告訴我他是生長在父母離異的單親

家庭，不光這樣，家裡還十分困難，因此他必須多多賺錢才行。我體貼他的辛苦，所以從來不讓他花錢給我買這買那，吃飯也不挑很貴的地方，那時我想即便以後和他一起天天吃泡麵滷肉飯，只要兩個人在一起就是幸福的。

記得有一學期，浩凡一直在打工，又要忙於課業，都很少有時間陪我，我每天上課自習，雖然有姐妹陪著不無聊，卻很寂寞。對此他感到很愧疚，發了薪水帶我去學校外面一家價格不斐的火鍋店吃火鍋。那天，下著雨，我們在一個靠窗的位置，我們小心的點著菜，生怕吃的太貴。望著窗外的一片濛濛，面前放著熱氣騰騰的火鍋，身邊坐著自己心愛的人，我感到自己無比幸福，我甚至覺得貧窮也是一種幸福，試想，如果我們都很有錢，此刻還會珍惜這樣的時光，還會有這種相互取暖的感受嗎？

初戀是美好的，它之所以美好，是因為它沒有摻雜太多的物質因素。但是初戀多數也是不成功的，因為人會成長，會步入社會，當我們離開父母的臂膀真正的成為一個社會人的時候，就開始為生活的支出奔波了，這時候生活變的不單只有感情，而是要顧及很多東西，錢當然是其中最重要的一點。

小詩在依然在一旁抱怨，錢對她來說的確太重要了，她家境並不富裕，如果沒有錢，很難在這樣的大城市立足。但是我仍然認為，戀愛是以感情為基礎的，如果沒有感情，物質再豐富的婚姻也沒辦法維繫。

「不要太看重錢了，現在的男人都不傻，有錢的男人，往往也是對過於世故的女人敬而遠之的！」我提醒她，以我多年的處事經驗來說，身邊的有錢人多數都是極其聰明的人，他們可以和一個貌美愛錢的女人戀愛，但是會娶一個知書達理相貌平庸的女子為妻。我很擔心小詩這種急功近利的對待感情，會最終讓自己一場空。

「放心吧，小安。我知道我自己在做什麼，我不像妳那麼有本事，我得找個有錢人，靠著他才能給我帶來衣食無憂的生活，我必須找到，雖然我知道我的時間不多了！」她堅定的說。

每個人都有自己的想法，我不便多說，抬手讓服務生給我添了咖啡，望著窗外的傾盆大雨，我彷彿看到了火鍋店窗邊談笑的男女，我微笑，在心裡輕道：「浩凡，好久不見，事過境遷，但我仍在堅持追尋那些單純美好的小幸福，希望我這次找對了，你呢？你找到了嗎？」

▼愛情大祕笈▲

錢，是休止符還是加速器？

女人，妳想嫁給一個什麼樣的男人？二十歲的女孩子會說要嫁給一個高大帥氣的，三十歲的女子會說要嫁給一個有錢的。年長的經歷的多些了，是不是考慮問題的方式就會更加通透了呢？其實也未必如此，但是如果大多數的人的回答趨於統一，它就不得不變成了真理。

錢，對於一個美滿的婚姻的重要性是可見一斑的，一個經歷過幾年婚姻的女子會把這個問題替妳分析的很透徹，即便她只是一個文化程度很低的全職主婦，但是沒有什麼能夠比親身的經歷更具有說服力了，她能夠把一件件的小事化成形象生動的說服力，去演繹金錢在婚姻生活中扮演的重要角色。

男人，總是埋怨女人太看重金錢了，尤其是那些沒錢的男人。其實男人也愛錢，但是男人愛錢是為了得到漂亮的女人和享受金錢帶來的權利快感，而女人又是為了什麼呢？男人在這點上頗為不解，在他們的印象中一個好女人就是應該有姣好的外表，賢良淑德的內心，對愛情忠貞不二，為愛人捨生忘死，以及是金錢如糞土的高尚情操。

沒錯，這是一個男權社會，大多數男人都這樣要求著女人，但是女人是和男人具有同等智慧的高等動物，聰明的女人不應該完全按照男人的要求來規劃自我成長的路線，而是應該有一個自己的小算盤為自己現在和未來好好做好鋪墊，在這之間，錢就顯得很重要。

從一個男人和一個女人的年齡大小和擇偶市場的關係來看。男人是越老越有市場的，三、四十歲的男人能夠彰顯出成熟男人的魅力，這個時期他們的事業也往往達到了巔峰，他們不再會為金錢苦惱，這個時期的男人能夠給予他們心愛的女人更多，是頗受異性青睞的對象。

與男人的市場走勢不同，女人過了三十歲，如果再缺乏一點涵養，就如同過了氣的演員一樣，打折賣票都少有人問津。偏巧這個時期女人的老公卻是正當花樣年華，不少小姑娘糾纏期間，而女人自己則被家庭、工作、孩子等事情纏的臉色蠟黃，不修邊幅，自然沒辦法吸引老公的眼光，終究有一天，會投向那些充滿青春活力的懷抱。末了還會感慨的告訴女人，他出軌的原因無他，只是因為她變了，對他來說失去了吸引力，而他之所以接受了另一個她，只是因為她很像年輕時候的她。

讓人聽著多麼傷感和無奈的言辭啊，女人妳怎麼辦？是帶著受傷的心默默離開還是鬧它個天翻地覆？有經驗的女人告訴妳：錢是最好的解決辦法！

當有一天他的人離開了，錢還在，起碼妳不會一無所有，有了生存的基本保障，妳還可以一切從頭再來，這是個多麼簡單的道理，這也就解釋了為什麼現今有如此多的女人非有錢人不嫁了。

當然，致富不只靠男人，女人自己也可以為自己爭取財富，只是在做選擇的時候，妳要前後想好，對的時候為自己做對的決定總沒有錯的！

大男人VS大女人

婚禮正在緊張的籌備期，不過我最近接了一個專案，工作忙的昏天暗地的，根本無暇去打理婚禮的準備工作，忙前忙後的都是徐啟然一個人。

今天又是加班，我剛給遠在美國的老闆回了電話，搞定了此事，手機就在這個合適的時間震動了起來，我一看是徐啟然。

「怎麼樣？還順利吧！」他知道我最近在忙什麼，所以第一句話就問這個，他真的是很瞭解我的人，永遠都知道我最掛心的是什麼事情。

「嗯，終於搞定了，就剛剛。」我開心的對他說，這時候剛好需要有個人來分享我的喜悅。

「Congratulations！太好了！為妳高興，妳終於能夠全心全意的做我的新娘子了。對了，向老婆大人彙報一下婚禮的進展：場地、晚宴、服裝、請帖都已準備就緒，就差新娘大駕光臨了！」徐啟然開心的對我說。

「對不起啊，我都沒幫你什麼，本來是該由我做的！」他越是輕鬆，越是沒有任何埋怨，我越是感到歉疚。他的工作也很忙，而且大多數婚禮的準備工作都是由女人做的，可是他卻處處以我為先。

「說什麼呢，傻瓜，結婚是兩個人的事情，當然要互相配合了嘛，反正我最近也沒什麼事情啊！好了，不和妳說了。我還要去見個客戶，晚點再打給妳，妳快回去休息吧！」

掛上電話，我感覺胸中被徐啟然的體貼脹滿，感覺暖暖的。是的，這樣的男人才是我需要的。溫柔體貼，能夠照顧到我的感受的男人，而不是處處以他自己為先，讓女人犧牲的那種大男人。我承認，我有點「大女人」，所以那樣的男人會讓我窒息，很不幸的是前夫余浩凡就是這種男人。

熱戀往往會迷住人的雙眼，讓人看不清楚自己和對方，而且戀愛時，雙方都喜歡把自己的缺點隱藏起來，但是時間一長，神祕感就會消失，真性情也就會隨之曝露出來，這個時候才是兩個人矛盾開始的時候。以前我不懂這些，當經歷了一場失敗的戀愛婚姻之後，我才明白，失戀是讓女人快速成長的最佳途徑！

……

和余浩凡談了半年多的戀愛，我很迷糊，因為我聽說情侶之間是經常吵架的，可是奇怪的是我和他卻從來沒吵過架。我天真的以為，我們是天造地設的一對，我們永遠都不會吵架。

不過我有個朋友叫小麥，卻持相反的意見，她認為平時不吵架的情侶是最可怕的，因為這樣的情侶缺乏對怎樣解決矛盾的聯繫，矛盾一旦發生會讓他們措手不及，很容易處理不當，而造成很深的感情裂痕。

當時我不相信，但是事實的確如此，不由得我不信。

相愛的情侶可以互相遷就，很多方面我和浩凡兩個人都是隨和的，比如我們吃飯會一起選擇吃同一家米粉，我們都喜歡深色系，都喜歡休閒裝，不必一個人勉強另一個人改變風格，我們走在路上就會很搭調……

僅憑著這些微不足道的相似點，我一直都認為我們根本就是絕配，這正是我最天真的地方。我忽略了他是個大男人，而我自己是個大女人，當面對一些問題時，我們都不是那麼的容易退讓，像解決一個吃飯的地方一樣容易妥協。

正巧那一年的全民英檢開始報名，之前浩凡一直勸說讓我參加考試，但是這個考試我並不需要，再加上上學時我並不算個十分熱愛學業的人，因此我壓根沒有想過要真的去考，每次，他說到這些，如果總是喋喋不休我也就敷衍著跟他說在準備。

有一次，我們約好在他下課後一起吃飯逛街，我興沖沖的在他的教室門口等他。由於他好多天都在兼職打工，我們好久沒有約會了，那時候的我多少有些小女生的習性，所以很是期待。等啊，等啊，終於從門縫裡窺見講臺上的那個老頭把書闔上宣佈下課了，我整了整頭髮，抿了抿剛擦的唇膏，有點緊張的等著浩凡出來。

我知道浩凡的習慣，他不喜歡和別人爭搶，所以一定是最後出來的，今天卻見他早早的衝出教室，心想可能是因為想到我在外面等他吧。誰知道他一開口就是追問我：「小安，妳報名了沒，那個英文檢定？」一聽這話，我感覺我之前的所有美好期待全部都煙消雲散了，立刻冷下臉來，不想和他說話了。

但是這傢伙偏偏在這方面很不識時務，還是不停的在我耳邊嘮叨來，嘮叨去的，什麼以後的就業啊，專業技能啊，盡是些冠冕堂皇的大道理。我感覺自己的腎上腺素正在不斷的爬昇，終於我再也抑制不住自己的情緒，朝他大聲吼道：「那麼有用你怎麼不去考？余浩凡，老娘告訴你，我偏偏就不去考，你能怎麼辦？說穿了你是想支開我，讓我別浪費你時間是吧？好啊！我不煩你，我們不要聯絡算了……」說完之後，我頭一甩，揚長而去，絲毫沒給他反駁的機會。

當然後來，由於捨不得他，我先去找了他，道了歉，此後很多事情我都事事小心。面對這種大男人，委屈自己，尤其對我這種大女人來說是很累的，累的我最後選擇了放棄……

▼愛情大祕笈▲

馴服大男人

在全世界大多數個國家來說，仍然是以男權為主的，如果真正的像傳說中平等了的話，那麼女人們也就不用總是坐地聲討那些機會不平等和性騷擾之類的問題了，更沒有所謂的女權主義了，因為如果都平等了又何謂的「權」？

幾千年來的傳統，不是我們聲討幾次，有幸幾次，上幾次電視就能解決掉的，在權利中心以男人居多的國度，慣用的男性思維方式已經根深蒂固，不是一朝一夕能夠改變之。明白了這點女人們就該思考一下，如果不能改變這個男尊女卑的事實，那麼女人們能做的只是適應這個環境，盡量的去教育自己的男人，並學會和他們相處。

面對一個有著大男子主義傾向的男人，即便兩個人是真心相愛，但是時間久了女人也會有一種窒息的感覺，他的獨斷專行讓人難過，你們之間不平等的溝通，讓妳覺得自己不像是一個妻子，而更像是他的一個物品，他總是想決定把妳放在哪裡。

這種男人妳不能說他沒有責任心，他的確也會為家庭付出很多。他們大多是事業和生活能力很強，周圍的聲音也多數都是讚美之詞，他們感覺自己無所不能。因此對於婚姻，很多時侯他們會像對待一個 case 一樣，想要完成的更加有效，達到預期的目標，最後形成一個滿意的結果。他們會為了這個目的而在過程中去左右各種可能性，尤其是妻子和他們相悖的決定，這就是大男子主義。

那麼，女人如果遇上了這種大男子該怎麼辦呢？

❤避免正面衝突，但是也不要委屈自己

和這種大男人硬碰硬，女人是不占任何優勢的，並且兩個人很容易陷入「你管我，我也想管你」的僵局，這樣最後只能是不歡而散，婚姻難保長久。

同樣，也不能一味的屈就自己，因為這樣不但會讓自己心裡難受，還會使他的氣焰更加囂張，得寸進尺之後就會變本加厲的欺負妳，有一天，妳忍無可忍的時候，妳會越來越厭惡自己和這段關係，離開可能是不能避免的決定。

❤認可他的作為，重視分享

遇到意見不合的時候，妳要儘量站在他的角度去考慮問題，清楚他為什麼要做這樣的決定，這樣決定的初衷是不是為了這個家，如果答案是肯定的，妳要支持他的決定，即使提出意見也要對他的出發點給予肯定，這樣你們才不至於大動干戈的爭吵起來。

學會尊重對方的自尊心，並且讓他瞭解到妳的尊重，這樣他才能反過來尊重妳。另外妳還要幫助妳的老公瞭解在婚姻裡，不光是男人需要空間和自由，女人同樣也有需求，「己之不欲，勿施於人」的道理，相信他也會明白。

❤用行動告訴他，家庭的和諧必成就感更為重要

做個聰明的女人，善於利用老公的性格來借力使力。大男子主義的他，往往對家庭的責任感很強，他的能力出色，表示他很聰明，他的聰明可以幫助他發現一些事情，比如妳可以用妳的方式去影響他，而不是企圖徹底改變他。讓他理解妳，只要你們彼此理解了，那麼這個家庭就是和諧美滿的。

上輩子的
你是我仇人

Chapter 3

名花傾國兩相歡

婚期一天天臨近，大多數時候我都沉浸在一種滿懷期待的喜悅當中，就像要打開一個神祕的盒子那般躍躍欲試。

但是有人曾說，要結婚的人多少都患有一點婚前恐懼症，作為當事人，我能告訴你他說的確實是有道理的。我就有，雖然不經常，但是確實有，也許是上一次婚姻的失敗，讓我對這次婚姻有了更多的隱憂，一點風吹草動都能讓我感到不安，但是縱然是再不安，日子也終究是到了眼前。

就這樣，到了婚禮當天，我早上睜開眼睛，都還不太敢相信「我又要結婚了！」這個事實。我有點麻木，有點呆滯，任由一群人把我推來推去，化妝、穿衣，我的身體和大家一起忙的不亦樂乎，而靈魂卻好像飄到了體外，笑嘻嘻的在一旁看著熱鬧。

一切都準備就緒，我看著鏡子裡的自己，活脫像一個盛裝芭比娃娃，連表情都驚人的相似，笑的那麼僵硬，那麼不真實。我遊蕩了一早上的靈魂，在看到徐啟然的那一刻又找到了歸宿。他帶著溫暖的笑容向我走來，我的身心都情不自禁的想與他更加親近。我把手放在他溫暖的大手上，感覺無比安心。此刻，我才覺得我是要嫁給他了，義無反顧！

等等，這種義無反顧，我曾經好像也有過，是什麼時候來著？我腦子裡閃出了一個人的臉—余浩凡，我的前夫，我記得自己曾經給他發出了婚禮的邀請。我環顧了一下四周，並未看到他，也許不會來了吧，我這樣想……

畢業了，我們一起失戀？

宣讀完誓詞，我喬維安，從今天起正式成為了徐太太，這一刻我感覺自己幸福無比，親友們每個人的臉上都寫著祝福，我在啟然的懷裡，充分的享用著此刻的溫馨。就在我最最沉浸的一刻，我的眼光掃到了一個人，一個我本以為不會出現在這裡的人——余浩凡。

從看到他那一刻，我就開始變得有些不自在，因為我從來沒有想過他真的會來。他怎麼會來呢？我已經許久沒有他的消息了，當初寄出邀請時，我只當自己是寄給了空氣，根本沒指望，也不指望他能收到，但是現在他卻活脫脫的出現在我面前！徐啟然是瞭解我的，我的異常沒有逃過他的眼睛，聰明的他很快察覺了現狀，摟了一下我的肩說：「去吧，打個招呼，別那麼小家子氣！」

「誰小家子氣了！」我心虛的嘴硬道，踟躕的朝余浩凡走去。

站在他面前我不知道如何是好，倒是他先打破了僵局：「恭喜妳！妳今天真漂亮！」

這話真不像他會說出來的，他原來是個佔有慾很強的男人，我不知道自己該說什麼，於是說了一句：「看吧！再不看就沒機會了。」

說完之後忽然覺得好詭異，於是我們又陷入了沉默狀態，還是他又說道：「哈哈，是啊！再不看就沒機會了。不過還好啦，畢竟幸福這個東西是比較出來的。比起那些還沒結婚就分手的人來說，我還算幸福的。」

「是啊，是比一個人強。」我嘟囔道。

「誰？」

「田瑜，妳還記得嗎？」

……

Chapter 3

名花傾國兩相歡

畢業的腳步臨近了，整個學校彷彿都被一種悲傷的情緒所籠罩，亦或是我太感傷與這場離別，所以看到什麼都覺得充滿了離愁別緒，就連笑容都那麼傷感。

那些我喜愛的去處以後會隨著我的離開而改變嗎？還是改變的是我，它們終究會消失在我的記憶裡？那些來自天南海北的同學、朋友，此番別離，是不是意味著永不相見？不，我不要改變！我要永遠把這些銘記在心，永遠、永遠！

這個時間裡，大家都在不停的聚會、吃飯，彷彿要聚完半輩子所有的會，吃完以後所有的飯。宿舍的姐妹一起吃火鍋，到了這個時候，不免都要喝些酒的。宿舍裡最小的田瑜喝多了，開始胡言亂語起來，她平日裡是個標準的淑女，從不肯把自己的情緒透漏出來，今天也許是真的喝多了吧，也可能是覺得要分開才覺得珍惜吧，她說了好多好多。

「我和潘偉韓分手了！」她忽然拋出這麼一句，所有的人都愣了，然後安靜下來，繼而傳來了田瑜的抽泣聲，漸漸的抽泣聲越來越大，她開始狂哭了起來，好像要把心中的所有委屈發洩出來。

所有的人都沒有出聲，只是靜靜的聽著，畢業前分手的情侶太多了，畢業分手其實已經見怪不怪了，但是田瑜的這次失戀還是超乎了我們所有人的想像。

田瑜和潘偉韓都是我們班的同學，大家對他們實在是太瞭解了，他們大一剛上學的時候就一見鍾情，大學期間感情一直很好，是所有人眼裡的標準模範夫妻，他們不是那種會分分合合的吵鬧情侶，畢業後結婚在大家認為是理所當然的事情，可是今天為什麼分手的會是他們？每個人臉上都寫滿了問號，但是面對如此傷心欲絕的她又不敢多問。

後來從她斷斷續續的敘述中我們聽出來，原來是潘偉韓提出分手的，原本田瑜準備畢業後隨潘偉韓回高雄，一起奮鬥。可是潘偉韓卻以家裡人強烈反對為由，拒絕了。他告訴田瑜自己是不會在父母的反對下和她在一起的。

父母的反對？這個理由讓田瑜無可辯駁，她總不能讓他為了她而背叛親人吧，她是個有家教的女孩子，她是不會這樣做的。但是後來她從潘偉韓的高中友人那聽說原來潘偉韓要跟他分開是因為家裡給他另介紹了一個女朋友，對方家裡是當地權貴，能幫助潘偉韓走上從政的道路，這是多少「有志」青年夢寐以求的啊，當然只能選擇放棄田瑜。

大家聽後心裡都是無限感慨的。畢業讓我們一夜長大，一夜之間瞭解這個社會是多麼的現實，幾年的感情可以為了利益瞬間煙消雲散。

我傻傻的發愣，我和浩凡才一年多的感情，他會不會也……？我正發愣，電話鈴打斷了我的思緒，一看原來是浩凡。他說想見我，吃完讓我去操場找他，他在那裡等我。

往常我和浩凡約會時都是興高采烈的，可是今天聽了田瑜的事情之後我有些沉重，我甚至在想，浩凡約我去是不是要和我說分手？他是不是也找了個有錢人家的千金小姐，想要放棄我？我就這樣胡思亂想的來到了操場。

明亮的星空下卻不見半個人影，他不在，他真的不在了！我忽然覺得有一種難以言喻的悲傷湧上來，淚水滑落下來。正在這時，身後忽然有人抱住了我，我驚慌的轉頭，碰見了壞笑的浩凡。我還沒有從剛才的情緒中走出來，一心想著他是來分手的，於是脫口而出：「余浩凡！你混蛋！」

「安安，妳……幹嘛啊！」他顯然被我嚇傻了，周圍很多路人，側目看我們兩個，指指點點，我這時候已經腦子充血，完全顧不得這些，只是顧著瞪著一雙大眼對他怒目而視了，哪管得了別人，他是清醒的，自然受不了，於是拖著我進了旁邊的小路。

我一路上不停的怨他，「變心」、「劈腿」、「混帳」之類的字眼，把我剛才想用在田瑜男朋友身上的話全吼向他。他終於忍不住怒了，吼道：「妳鬧夠了沒有！」

「鬧？妳現在嫌我鬧了？」

我也毫不示弱的反擊道：「也對！嫌我鬧，就更有理由甩了我去找那個有錢有權的千金大小姐了！」即使在寂靜的小路上也圍上了不少人。

那天我們不歡而散，後來經過冷靜對話，才知道這次莫名其妙的爭吵原來是一場大烏龍。

唉，都是畢業害的。

▼愛情大祕笈▲

那些險些失去的愛

愛情對這個世界上的多數人來說，都是個奢侈品。人們總是徘徊在，你愛他但是他不愛你，或者這是你不愛他但他愛你的怪圈中，亦或是有時候他愛你的時候你還不愛他，等到你發現自己愛上他的時候，他卻已經擁別人在懷了。愛情，總是給人生添了稍許遺憾，但是沒有愛情的人生也是不完整的。

如果有幸能夠愛一次，尤其是兩情相悅更是難得。每個人都應該珍惜這樣的機會，並且去盡自己最大的努力去維護彼此之間的感情和信賴，如果輕言放棄，多數都會造成終身的遺憾，而這些遺憾往往又會給後面的感情造成陰影和傷害。

異地戀的困惑

「維安，恭喜妳啊！」一個低沉的男音從後面傳來，這聲音怎麼這麼熟悉？我轉頭看去，一個穿著休閒裝的中年男人正朝我走來，我趕忙迎了上去叫了一聲「劉總，您能來我真的是太高興了！」聲音連我自己聽起來都有些激動。

這人正是我第一份工作的老闆，看見他，想起當初真是感慨萬千，不知不覺幾年都過去了。自己大學畢業時的樣子模糊的出現在我腦海裡，比起那時的自己，真是成熟了好多。

從職業生涯發展上，我最感激的人就是劉總，不是他當年的提攜教導，我也不會發現自己的潛能，變得像今天這樣自信。而感情上，想到這，我看了一眼身邊的余浩凡，如果沒有他我也不能更好的讀懂愛情，學會珍惜，所以我應該感激他，是吧？

時光荏苒，回憶浮現……

也許一切都是註定的吧，後來我常想，上天在對人們一次又一次的進行著嚴酷的考驗，我和余浩凡顯然沒有通過這測驗。

畢業了，陰差陽錯之下，平時不太努力讀書的我竟然被一家國內知名的大公司錄用，被分派到大陸，而浩凡則在台北找到了一份穩定的工作。現實讓我們不得不分隔兩地相戀，我也曾考慮過放棄這個機會，選擇跟他在一個城市奮鬥，但是我們都認為能去這個公司是一個很好的發展機會，一兩年之後的工作經驗，我再回到這個城市能找到份不錯的工作。於是我們開始這份漫漫的遠距離戀愛。

有過異地相戀經驗的人都知道遠距離戀愛不是件容易的事，多深厚的感情能經得起距離的考驗呢？不過我們堅信可以。在這一年多分隔兩地的時間裡，我們遇到了所有遠距離戀愛的戀人都會遇到的問題，那些猜忌、孤獨都讓我覺得苦不堪言。

剛到了一個陌生的城市，我舉目無親，有的只是公司的同事，平時工作忙還好，但是一到閒下來時，我常常是在床上一睡就是中午才起床。並不是我懶，一是平時工作太辛苦，週末給自己休息一下，而更多的原因是，起來也沒什麼事情好做，一個人的週末很難找出什麼有趣的事情。有時候我會在醒了之後，睜著眼睛望著雪白的天花板，感到無限的寂寞，想起浩凡，眼淚就不自覺的流了下來。

雖然我相信我們之間的感情，但是由於距離太遠，長時間的不見面，有時候就難免猜疑。有一次，我加班加到很晚，一直在忙，沒有看手機，後來忙完了一看，手機上有五個浩凡的未接來電，而且都是幾個小時前的了。我急忙回了電話，聽到的是他不太高興的聲音，我跟他解釋了情況，但是從他的語氣中我能聽出他並不相信我，我感到委屈的哭了，他才緩和了語氣相信了我。

當然有時候我的神經也會很敏感。那時我們經常是靠著網路來聯絡，我知道他的部落格密碼，有一次，我登入他的部落格，發現裡面有一個女孩留給他的很曖昧的留言。當時我的感覺就像是心口被人戳了一刀一樣，疼的厲害。我問他，他只是輕描淡寫的告訴我那是他們公司一個喜歡他的女同事，不過他不喜歡她，已經和她說清楚了，從來沒有理過她，要我不要太敏感了。

也許是現在媒體的無數婚外情、劈腿、出軌的報導影響了我的判斷，也許是我太在意他，更或許是距離太遠讓我們缺乏溝通，信任也隨之變得脆弱不堪，總之我懷疑他，徹頭徹尾的懷疑他，由於自己不能親身前去，我甚至拜託了在台北的朋友去調查一下，結論正像浩凡所說的那樣，那個女孩喜歡他，但是被他拒絕了，後來人家也有了男朋友，一切本就雲淡風輕，可是我還會想：下次，下次呢？會不會又有別人喜歡他？他會不會也喜歡上別人？

時間越長，這份遠距離戀愛把我們折磨的越是疲憊，我們都在苦苦支撐，但是懷疑就像螞蟻一樣在啃食著我們的心，讓我們彼此猜忌。

這個時候我已經工作滿一年了，我和浩凡也已經將近一年未見了，我想是不是我應該做點什麼了？

▼愛情大祕笈▲

讓愛情戰勝距離（一）

很多戀人都因為這樣那樣的原因而不得不分隔兩地，忍受著相思之苦。相思的苦異地的情侶是最能夠深刻體會的，北宋時秦觀的詩中雖道：兩情若是久長時，又豈在朝朝暮暮。但是如果真正相愛的兩個人，讓他們讓時間不得相見，那會是何種的煎熬。

異地的戀人之間一定是有著非常深厚的情感，只有這樣他們才能夠戰勝距離的挑戰，去用愛化解那些溝通不暢帶來的猜疑和那些無人相伴的寂寞。他們即便是在人群中微笑，但是心裡依舊是落寞的，因為這些快樂的事情沒有那個最想分享的人分享，總是有些許缺憾。那麼兩個人如何才能克服距離帶來的困擾，最終走到一起呢？

♥鼓足勇氣去相信

異地戀一定要有十足的勇氣和信心才能最後堅持到底。當身邊的朋友都持懷疑眼光來看待這份感情時，妳一定要有敢於挑戰現實的勇氣，並且做好最壞的打算，如果這種情況一旦發生妳也要有坦然面對的勇氣。

要知道，勇氣是一種很巨大的力量，它能夠支持著兩個人走向最後美好的結局，只要相信就能實現！

♥要學會信守承諾，做到對對方忠誠

看見身邊的人都出雙入對，形單影隻的只有自己，心裡難免會產生一種寂寞孤獨的情緒，而這種情緒繼而會讓妳產生不良的欲念。這時如果身邊恰巧出現了一個妳喜歡的異性，或者是喜歡妳的異性，就很容易發生出軌的事件。

一旦這種事情發生，不管多麼牢不可破的感情，也會在瞬間被瓦解，剩下的只有痛苦。所以，選擇異地戀的妳，一定要管好自己，不

能讓自己犯下後悔莫及的錯誤，要知道忠誠是一種責任。

❤相互信任，堅信一定有一個屬於兩個人的明天

空間上的距離，往往讓人的心裡也容易產生一定的距離。兩個人很久見不到面，每天不知道對方在做什麼事情，見了什麼人，即使有電話和訊息的交流也難免會引起一些遐想，比如他是不是遇到了什麼人在糾纏他，他為什麼這麼晚才回我的電話？這一系列的問題弄得兩個人都很疲憊。

互相的胡亂猜疑，引起了一種距離帶來的不安全感。這種猜疑久了，就會把愛情也慢慢消耗。所以說，要對抗這種猜疑最好的方式就是彼此信任，無論遇到什麼情況都要相信對方給自己的解釋，當然同時也要給予對方充分的知情權。

❤充分的理解，讓感情持久

所謂理解萬歲，理解是建立在信任的基礎上的。沒有信任就不能夠充分理解。理解對方的處境，不能因為一點小事而大動干戈。這樣

會讓兩個人的壓力都加大，讓原本就在距離重壓下的感情不堪重負。

學會理解對方的難處，做個善解人意的心靈伴侶，這樣即使兩個人相隔千里，心依然是緊密的聯繫在一起的。

只想和你在一起

你有過在大週末的時候一個人躺在床上，呆呆的望著雪白的天花板，全身僵滯，只有眼淚狂奔的情形嗎？你可能沒有，但是我有。在和與浩凡遠隔千里的日子裡，有無數個週末我都是這樣度過的。

這樣一個人遠在他鄉，即便是工作事業出色，人際關係廣泛，作為一個女人來講，內心也是空虛、寂寞的。每當這種孤獨、寂寞來襲的時候，就好象無數螞蟻在身上啃噬一般煎熬。

在我的記憶中有一個夜晚很難忘，那天原本是和同事約好了一起逛街，但是她臨時有事放了我鴿子，把我一個人丟在了高樓林立，霓虹閃爍的市中心。我在百貨公司裡閒逛著，那些美麗奢華的物品提不起我任何情緒，我只是為了打發時間，因為我不想回到那空蕩蕩的房間，面對那讓人窒息的天花板。

我給自己買一杯喜歡的水蜜桃汁，漫無目的的穿梭在這座城市森林中。為什麼人們要蜂擁而至的來到這裡呢？這裡究竟能給我們什麼？我看到的更多是孤獨和徬徨。我邊走邊想，思緒漫無邊際的飛翔，我想念浩凡，尤其在這樣的時刻，我從不知道自己會如此想念一個人。

他會不會想念我呢？會不會像我想他一眼想我？這時，我走到了一家手錶店，閒逛了進去，已經快打烊了，店員很熱情的過來招呼我，看著小女生充滿渴望的雙眼，看來是對我寄予很大的期望吧！

「小姐，有沒有想買什麼款式的手錶，我幫妳介紹一下吧，我們店裡的款式很齊全，各種類型的都有！」她像背書一樣生硬的說了一通，從她的生澀表現我大概猜到，她一定是初來乍到的新店員。這樣的店一般都會店員有些銷售額的要求，像她這樣的菜鳥如果達不到要求很容易下個月就被辭頭路了。從她有些微紅樸素的臉頰，我推測她應該是剛到上海這個大城市的女生。唉，大城市真的那麼好嗎？在她看來也許我是個在都市叢林中，穿著光鮮的漂亮女主管，但是說實話我們之間又有什麼差別呢？都不過是飄蕩在這個城市裡的浮萍。

原本就是隨步走到這裡的我，看著眼前這個純樸的小女生，竟被我自己的想像所打動，認真的看起來，好像我真的是充滿著誠意來買手錶似的。仔細一看這家店裡的錶還真不錯，不光是款式，質感也滿好的，這個品牌也我曾經聽同事提起過。

靠窗子的一個玻璃櫃被妝點的很別緻，玫瑰擺滿了四周，中間是一對鑲著寶石的情侶錶。我不禁被吸引了過去，「好漂亮啊！」我由衷的讚歎。

「小姐妳真有眼光，這對情侶錶是特別為中國的七夕情人節而限量發行的，全世界只有五十對，而且價錢也不算高呢！」這個小女生顯然對這對錶也很喜歡，這段話比之前的流暢多了。我目不轉睛的看著這對錶，就像是被一種魔力吸引住了一般。

當我把這個裝有情侶錶的精緻小盒放到包包裡的時候，心裡充滿了甜蜜，我恨不得馬上就把它寄到浩凡的手裡。一對情侶錶，即使我們人不在一起，心也時時刻刻的同步跳動，這是我毫不猶豫就買下它們的原因。

後來的故事怎麼樣了呢？很出人意料，至少在當時的我來說，是做夢也想不到的，七夕節那天我收到了浩凡的禮物，而那禮物竟然是和我手上佩戴的手錶一模一樣。

原來浩凡也買了這對限量版情侶錶，在這樣一個七夕節，我們選擇了同樣的一份禮物給對方。這樣心靈相通的兩個人怎麼能長久的被相隔兩地呢？想到這些我毅然決定放棄現在的一切，回到那個熟悉的城市去找他……

▼愛情大祕笈▲

讓愛情戰勝距離（二）

為了事業等諸多因素，越來越多的有情人，不得不被分隔在兩地忍受相思之苦，但是多數人覺得這並不是讓兩人之間產生隔閡的問題，他們願意相信愛可以戰勝距離，只要方法得當，兩個人就能保持一個良好的溝通，最後終究能夠走在一起。

❤保持良好的溝通

異地戀的兩個人最怕的是一件事就是互相猜疑，心裡有疙瘩，如果這種情況發生，一方誤解了，另一方即便是想極力解釋，但是透過電話線的語言怎麼說怎麼顯得蒼白無力，而且碰到對方聽不進去，電話一關，想聯繫都聯繫不上，只有乾著急的份。這樣長此下去，就會讓兩個人的感情漸漸變的冷淡下去，很可能就會有挖牆腳和劈腿的現象發生。

如果兩個人一旦生氣了，異地戀的情侶們最好簡單明瞭的說出自己為什麼生氣，希望對方怎麼做才好，這樣對方很容易明白妳是怎麼了，下次他也就會避開妳的地雷，調整自己的處事方式了。

但是如果妳只是在生氣的時候說些氣話，比如「我對我們的感情沒有信心了！」「沒有你，我也可以找到更好的」，「我不想管你了，你也別管我了！」這類話的話，是很傷對方的心的，這樣的話，兩個人很難走到最後。要知道一個人可以失望一兩次，但是失望多了，失望就會變成絕望，當他絕望了，這段感情也就沒有挽回的餘地了。

❤互相信任，認定彼此能夠走到最後

異地戀，最常面對的是寂寞，如果寂寞了就再找個人來解悶，那麼相信所有的異地戀都不會有一個圓滿的結果。如果相愛就要彼此之間相互信任，而且既然選擇異地相戀就要抵抗住這種寂寞，只有彼此信念一致，相信兩個人最終會走在一起。

在相互信任的同時，也要學會表達這種信任，比如時常告訴對方，

妳對未來是有信心的，告訴他妳多愛他，一直會等著他。這樣對方也會覺得安心，迷茫的情緒自然就會煙消雲散。

❤用一切能想到的方式和對方保持聯繫

異地戀，不能見面，但是現在通訊方式很發達，即使不能見面兩個人也能夠時時保持聯繫。為什麼要保持聯繫呢？因為如果一旦對方不能及時的聯繫上妳，那麼他就會產生一種疏遠和陌生的感覺。保證訊息、電話、網路的及時到達，這種虛擬的網路也會讓人感受到愛人在身邊的感覺。

雖然見面不是一件容易的事情，但是也要盡最大的可能保持見面率，及時的見面能夠釋放相思之苦，所謂小別勝新婚，見面之時兩人濃情蜜意，會讓彼此之間的感情加分。

小吵怡情，大吵傷神

當我提著一個大大的皮箱，又站在這個我熟悉的城市的火車站時，我深深的吸了一口這熟悉的空氣，感覺無比興奮，對未來我充滿期待。

我沒有告訴浩凡我回來了，一是怕影響他工作，二是想要給他個驚喜。我知道他現在的住處，決定在門口等他下班，就像那次到北海道一樣，殺他個措手不及。

時間一分一秒的過去，等待的過程如此的漫長。我在他家門口不停的踱著步，騷動的內心讓我一刻也不能安靜下來，終於樓下傳來了熟悉的腳步聲，我知道他回來了！我感覺自己的心隨著也縮緊了。

他會是什麼反應？會不會因為我的突然到來而驚喜？亦或是不開

心？就在馬上相見的這一刻，我好像喪失了之前所有惡作劇的勇氣，變得擔心起來。以至於我見到他時，竟沒有任何舉動，而只是站在那裡，就那麼呆呆的看著他。

我推測他的這一天一定是忙碌和疲憊的，因為他腳步聲聽起來很沉，看見他更加證實了我的猜測。他一臉疲憊，幾乎是定了定神，才看到我，露出了驚訝的表情，過了兩、三秒吧，他不再懷疑我存在的真實性，忽然一撲而上，把我摟得緊緊的。

從此，我們開始了像蜜月一般的日子。

我們以後是要結婚的，我是這麼相信著。所以住在一起也是自然而然的事情，他的家就是我的家，我必須習慣我們一起的生活。我一路而來都是這樣對自己說的，但是等我真正來到了他的那個十幾坪的小套房時，我卻感到陌生，一種心靈深處的疏離感怎麼都打消不去。不過我儘量保持微笑，把自己的不安藏在心底，這只是我的空想，我但願這麼想。

那天開始的一個月，我一邊在家收拾屋子做飯，一邊找工作，我之前的工作經歷不錯，所以工作的機會並不算少，只是特別好的卻不多，要仔細斟酌才好。每天洗洗刷刷雖然不算很累，但是卻讓我明確了一點，就是我確實不適合做一個全職主婦，職場，才是我飛翔的天空，在這裡我就像一隻被困在籠中的鳥一樣不自由。

這天，我接到了一間上市公司的面試通知，經過很充分的準備，我給他們留下了很不錯的印象，我剛回來他們打電話告知我有第二次面試的機會，我感到很開心，所以晚上特意做了幾個好菜準備慶祝一下。

浩凡因為要和政府的規劃部門開個會所以回來的有些晚，我把菜一熱再熱，終於等到了他，他一進門看見一桌子的熱菜很是開心，摟著我說：「安安，妳真好！妳來了真好！特別有家的感覺，今天有什麼事情做了這麼多好菜。」

我一心想把自己的喜悅和他分享，開心的對他說：「我工作有著落了，一間很不錯的公司給了我第二次面試的機會！」原本以為他會和我一起分享這份喜悅，但是萬萬沒想到的是，他忽然放開了抱著我的手，表情也僵住了，我感到很奇怪，問他怎麼了，他也不說，只是回到餐桌默默地吃飯，那一天過的很不愉快。我們在冷戰的邊緣徘徊，而最難以理解的是，我認為我並沒有做錯什麼。

後來在我一再的追問下，浩凡終於告訴了我他為什麼不高興的原因，原來他一點都不為我高興，他根本就不想讓我出去工作。他說，他所希望的家庭生活是男主外女主內的、其樂融融的家庭。他明確的表示不喜歡我出去工作。

那天我們大吵了一架，這次，我代表女人，他代表男人。第一次，我發現他是這樣一個大男人，他喜歡去擺佈別人，尤其是女人。受獨立思想灌輸的我當然不能接受。吵架的結果是什麼？我曾經以為這是一種增進感情的方式，後來才發現那真是特錯大錯。因為如此情形之下，兩人只會越吵越多，最後連吵架都懶得吵了。

▼愛情大祕笈▲

吵架了怎麼辦？

兩個人在一起久了，生活中難免都會有一些摩擦，吵架似乎是在所難免的，雖說這是兩個人相處之中最正常不過的事情，但是吵多了難免就要傷及感情。

有人曾把兩個人之間的感情比喻成一個玻璃杯，雖然精緻但是也是易碎的，每次吵架鬧矛盾之後，玻璃杯都會留下一條裂痕，雖然能夠盛水，但是堅固度已經大不如前了，次數多了，玻璃杯就很容易碎掉，再也修補不好。

面對如此脆弱的感情，兩個人要悉心呵護才好，只有互相體諒，多些包容感情的玻璃杯才能長久如新。

你們為何而爭吵？

男人——男人不喜歡女人喋喋不休的總是在一件事情上說個沒

完沒了，這會讓他感到難以忍受，他會覺得這是女人在批評他，把他當成了孩子，男人不喜歡這種感覺！

另外一種很常發生的情況就是，男人在想要冒險的時候，女人總是在一旁強加阻攔，男人就會認為這是女人在懷疑他們的能力，越是這樣他們就越是想要證明自己，從而兩個人就會發生爭執。

還有就是男人對於女人的想法有時是很難理解的，他們認為女人有什麼話都不喜歡說，這樣會讓生活變得壓抑！

女人——女人不喜歡被忽略的感覺，但是一旦兩個人相處久了，男人就會喪失新鮮感，他們就會把原有對感情上的注意力轉移到別的地方，面對女人的要求他們也不會太在意了，這樣女人自然就感到不滿，於是就會在方方面面的事情上伺機找茬。

另外，胡思亂想似乎是女人的天性，她們總能夠從一點小事上引申出很多的想像，然後對男人盤問不休，男人面對這些時候選擇了用一種不耐煩的情緒對待，這樣女人就會覺得自己沒有被尊重，沒有被認可，從而挑起爭端。

如果衝突再所難免，那麼如何才能把它的傷害降低到最小呢？這裡是有一些小技巧可以遵循的，保證叫妳越吵越愛！

「吵架很正常」首先明確這個觀點很重要。兩個人一起生活，面對生活中的大大小小的事情，總會有一些不同的觀點，當這些觀點上升到一定程度的時候就會變成無法避免的衝突，衝突發生時兩個人可能都被壞情緒沖昏了頭腦，以至於在爭論的時候說一些傷感情的話也是常有的事。

事情過後，妳可能會對對方，乃至這段關係感到失望，其實大可不必如此，因為情侶或是夫妻之間吵架是一種很正常的現象，這在大多數人之間都會發生，妳也不能免俗。所以不要就此就下定論說你們不適合在一起，這種話說多了，才是傷感情的。

猜疑和信任只是一線之間

人們常說女人是一種善於猜疑的動物，我並不十分認同。大多數女人在大多數時候的表現都是很正常的，她可以仁慈，也可以寬容，更不會因為一點小事而斤斤計較，當然她也會變得喜歡猜疑，善於妒忌，但是這絕不是對那些關係平淡的所謂朋友，這些小動作僅限於情人之間，那個她們從心底往外認同的情人。

我是個有點大女人的女人，我堅強、獨立，每天穿著套裝，在職場裡的表現絲毫不比男人遜色，機敏的幾乎可以抓住任何一個機會，態度也可以強硬的不帶任何情緒。這樣的我，從沒想到自己會嫉妒，會為了感情歇斯底里，但是我確實會，這著實把我自己和我的男人都嚇了一跳。

又回到了這個熟悉的城市，沒過多久我就為自己找到了一份不錯的工作，這得益於我之前的寶貴經驗和我不錯的外形以及良好的溝通能力。工作很快就步入了正軌，同事之間的關係也相處的融洽，漸漸的我開始更多的把精力放在了工作之上，每天回家之後我總喜歡和浩凡講述一天工作的種種，我是如何把一切麻煩處理的妥妥當當，然後自鳴得意一番，每當這時候他總是會微笑，只是我沒注意到這微笑有多麼牽強。

十二月二十日耶誕節前夕，最近部門剛忙完一個新的年會策劃，為了釋放近來的緊張情緒，部門祕書 Lily 提議大家一起去酒吧放鬆一下。同事們多是單身男女，所以這個主意幾乎得到了所有人的贊同，我不好掃大家的興，所以也就跟著去了。

酒吧、夜店之類的場所我以前是沒去過的，之前也有過類似的情形，但是因為那時候的我和浩凡兩個人分隔兩地，所以更加對這些事情小心在意，無論朋友怎麼勸說都是必定不去的，現在兩個人就在同一個城市相互依存著，我反而沒那麼多顧及了，感覺我們之間的信任由於距離的縮短又變得堅不可摧了。但後來我發現這其實只是我自己的妄想而已。

去酒吧的路上我打電話給浩凡，結果是無人接聽，我心裡納悶：已經過了下班時間，跑到哪去了？我們一群人由著一位經常出入夜店的同事帶著，到了一家台北有名的夜店。店內的喧鬧聲打斷了我的思緒，容不得我多想了。

我發現，平日裡一本正經的同事，到了這個地方都變成了另外一副模樣，靦腆的木訥的宅男不知哪來的勇氣，竟然開始去和辣妹美女們主動搭訕了；羞澀的辦公室小妹，在酒精的作用下，也褪去了外套，只穿一件黑色小可愛嫵媚的和一個外籍帥哥聊天。我一個人靜靜做在吧台的角落裡看他們的表演。

忽然我的眼光被不遠處的一對跳舞的男女所吸引，準確的說我是被那個男的吸引了！因為這個男人的背影十分像浩凡，他的手正環著女人的腰，兩人在親密的熱舞。

我無意識的站了起來，緩緩地像兩人走近，但我來到那男人的面前，我面對的卻是是那張我熟悉的臉，我感覺自己的腦袋是一片空白，我揮手給他了一記耳光，然後轉身飛奔出酒吧。

喧囂聲在耳邊遠去，我什麼都聽不見了，也什麼都不想聽見。我在一處空地上停下了腳步，大口的喘著氣，這時忽然有一雙手把我抱住，我能感覺出這是浩凡的氣味。我掙脫，他卻抱的更緊了。

「安安，妳聽我解釋，那是我老闆的女兒，是她不熟悉環境，讓我帶她來到。我們只是應酬，妳要相信我！」浩凡激動的向我解釋，不過此刻我已經妒火中燒，沒辦法聽進去任何一個字。

「相信？相信你們剛剛黏在一起熱舞是我看錯了？還是你摟她的腰是不小心的，還摟得那麼緊？」我歇斯底里的問道。

「跳舞都是這樣子的啊，安安，我們真的沒什麼啊！」

那一夜我們在爭吵中度過，不論浩凡怎麼解釋，我當時都聽不進去，我想我是被嫉妒沖昏了腦袋吧，沒有認真的站在他的角度去想想。

後來還是一個我比較信任的朋友告訴我，那一陣子浩凡的工作一直很不開心，就是因為工作總是要出去應酬，而他自己又不是很喜歡，本來想和我說，卻不想給我增添負擔，所以就一直忍著，沒想到最後換來的卻是我蠻不講理的指責。

現在想想，那天的事情雖然很小，但似乎是我們感情裂痕的開始。一段無瑕的感情是經不起任何雜質破壞的，猜忌、懷疑都會造成戀人們不想看到的結果。

如果愛，請深愛！

▼愛情大祕笈▲

克服愛猜忌的毛病

做女人最痛苦的是什麼？很多時候並不是男人真的背叛，而是自己懷疑自己的男人背叛了自己，但是又無憑無據的猜疑狀態最讓女人抓狂。

女人是敏感的動物，一旦自己的男人最近對自己開始冷淡了，她們就會發揮與生俱來的想像力去思考為什麼男人最近不理自己了？是不是他在外面有了別的女人？還是由於自己最近的憔悴才讓他對自己開始厭倦？這些念頭困擾著女人，她們深陷其中不可自拔，在種種情況下，她們找了各種方法企圖證明自己的想像，但是同時又懼怕這種想像真的變成現實。繼而開始變得歇斯底里起來，這種非正常狀態往往會讓人變得易怒、狂躁，久而久之，即使身邊的男人沒問題，也會在她們的整日逼問下，變得有問題了。

疑心病的表現：

♥之一：說話尖酸

女人在心存懷疑的時候就會變得很尖刻。這是想要壓制自己的疑心又沒辦法排解之後的結果，她們會不自覺的話裡藏刀，總是說話帶刺，總是想從言語上給對方警示或是刺激，以解心中之憤。但是這樣做往往會得到相反的效果，男人不是傻子，他們明白妳在說什麼，如果事情無中生有，他們會覺得女人在無理取鬧，時間長了，次數多了，他們就會煩的想逃。

❤之二：在電話上做文章

很多女人都喜歡看自己男人的電話記錄和訊息記錄，企圖從中尋找男人出軌的一絲蛛絲馬跡。且其中大多都會在此項工作的進行中有所收穫，不是發現了男人的曖昧訊息就是發現了他們不正常的通話記錄。

有一些甚至為了證實自己的猜疑，還會大一些匿名電話給對方，把自己搞的像私家偵探一樣。有人還採取了一些極端措施，比如三更半夜起床查手機，或者是查通聯紀錄等手段，來得到第一手的資訊。

♥之三：一哭二鬧三上吊的行為

有了猜忌一些女人索性不去證實了，她們會直接去男人的公司或者是親友面前「揭露他的行徑」，企圖博取同情，殊不知這樣不但丟了男人的臉，還丟了自己的面子，要知道「家醜不可以外揚」。這樣做的結果，不但不能換取同情，威震男人，反而會讓男人感到深惡痛疾，最後只能逃掉。

Chapter 4

執子之手，與子偕老

和余浩凡有一搭沒一搭的聊著一些無關痛癢的話，說實話，我現在還是說不清面對他我到底是一種什麼樣的感覺。也許是這熱鬧混亂的氣氛把我的感官都麻木了吧，不知道，此刻如果整個禮堂的所有人都消失掉，只剩下我和他兩個人，我們會怎樣？可能會很不一樣吧。

這場尷尬的談話，被表妹的到來打斷，表妹是我今天的伴娘，剛剛二十出頭的她，對感情還愛恨分明，沒有太多的感悟。余浩凡對她來說就是一個欺負了她表姐的壞人，所以她沒和他說上一句話，甚至還不屑的瞪了他一眼就把我硬生生的拉走了。

我按照事先排練好的程序，走到了徐啟然面前，望著他神情的雙眼，剛才的胡思亂想已經全部拋諸腦後了，感覺自己此刻是最幸福的人，希望以後一直幸福下去。

儀式的時間很短，很快人們又恢復了之前的喧鬧，每個人都用祝福的眼神看著我，我為自己的幸福能夠感染到別人而開心。

親友不斷的上前道賀，我和徐啟然忙的不亦樂乎，再也沒關心余浩凡人在哪裡的問題了。我也沒有想到一個儀式的作用這麼巨大，它本身就像一個很強的心理暗示，經過之後，我的歸屬感和安全感都明顯的增強，我知道我又屬於一個人了，這個人就是我身邊的丈夫—徐啟然。

要愛情，不要麵包

婚禮是忙碌的，可我卻發現自己總是能恍神到別的地方。比如回憶過去，跟余浩凡的日子，還有跟別的朋友經歷的事情……

這會兒，我又想起了小詩。

現在的小詩對物質極其敏感，對愛情卻幾近麻木。她經常邀我陪她去一個她熟識的酒吧坐著，每次都是點上一支菸，有時我們聊些舊事，有時什麼都不說，只是靜靜的坐著，各自想著心事。

她總是在末了的時候，感慨的說，愛情是個奢侈品，她享用不來，只有錢才讓她覺得真實。她的話我雖然不盡贊同，但是我卻早已過了那個和人爭論的年紀，放在早幾年，她不會這樣說，我也不容她這樣說。現在她學會了世故，我學會了包容。

我知道這個酒吧，有她和某人的回憶，但是卻從不道破，揭露她的脆弱有什麼意思呢？朋友在這時候應該學會視若無睹。

這酒吧剛開業的時候我們就曾來過，那時我跟浩凡剛剛在一起，小詩每天充當著電燈泡的角色，三個人一起也挺開心。小詩很喜歡這個酒吧，所以總是拉著我們陪她，後來我才知道，小詩不僅喜歡這個酒吧本身，更喜歡酒吧裡的一個歌手。

那個男生一副瘦削高挑的身材，俊秀的五官總是很冷峻，樣子很像當時正在暴紅的漫畫 NANA 裡的蓮，同樣又是玩音樂的，更引起很多女生的迷戀，小詩也是其中之一。

後來我知道，小詩經常到酒吧去聽他唱歌，在他生日的時候送禮物給他，下雨的時候給他送傘。兩個月後，小詩把這個高大的男孩子帶到我面前，告訴我說：「安安，這是我男朋友高雷。」

我和浩凡的戀愛與小詩和高雷的戀愛比較起來可能就顯得平淡很

多了，他們的戀愛從一開始就波瀾起伏。他們有過很浪漫的日子，我猜想，因為那段時間小詩總是掛著幸福的笑容對我說：「安安，我覺得我是世界上最幸福的女人！真的，是高雷讓我這麼幸福的！」她經常會給我繪聲繪影的描述，高雷騎著他的哈雷摩托車帶著她在午夜的星空下馳騁；他們在溫暖的沙灘上相擁而眠。每當這時候，我在一旁為她開心，同時也有隱隱的擔憂，但當時我也不知道自己在擔心什麼。

沒多久，我的擔憂就變成了現實，小詩的愛情一下子從天上跌到了谷底，她的精神萎靡，幾近絕望。她問我：「為什麼相愛的人不能在一起呢？錢就那麼重要嗎？」我回答不了，因為我覺得不論我怎麼回答，她都會傷心，因為她並不是想要我的答案，而是想要高雷的。

這樣的狀態糾結了一陣，小詩終於和高雷分手了，這一對狂熱的戀人沒能熬過一年。分手是高雷提出來的，理由很簡單，就是因為錢，他說自己沒有錢不能讓小詩跟自己過這種顛沛流離的日子。而小詩透過朋友知道原來高雷認識了一個有錢人家的千金小姐，那個女孩對他十分迷戀，答應出錢給他出唱片，前提是高雷必須和小詩分手，和她在一起。

人總是現實的，高雷這個號稱可以為愛情獻身的男人，終究為了自己所謂的前途，出賣了愛情和自尊，放棄了小詩。

小詩和我一樣是個在平凡人家長大的女孩，雖然平凡，但也被父母嬌慣著、寶貝著。在我們的世界中，曾經一切是那麼的黑白分明，當時卻在愛情變化的那一刻發生了變化。小詩這個曾經對錢不放在心上的女孩，開始變成一個唯錢獨尊的女人。

「安安，沒有錢，哪來的愛情呢？妳可以說我是現實，當時我覺得這是我的成長，我一點也不恨高雷，是他讓我明白了道理，我要感謝他。我需要抓住現在能抓住的東西，讓自己過的更好一點！」小詩對我這樣說。

▼愛情大祕笈▲

金錢和愛情的平衡木

沒有經濟基礎的婚姻是可悲的，這就是為什麼人們常常感歎年少時的愛情是追純真的，因為那時候的愛情不摻雜任何其他的東西，比如利益、金錢、家庭等，純粹是兩個人你喜歡我，我喜歡你，就可以在一起，不考慮明天能不能買得起房子，能不能吃上飯。

而成年人的愛情就要苛刻的多，因為成年人想到的更多，因為這個社會的生存壓力太大，男人在抱怨自己要承受的太多，女人也在衡量怎樣才能讓自己儘量少承受一些，這之中最好的捷徑無疑為嫁一個好男人，這樣似乎就可以一步到位的解決很多問題了。不用擔心會變成房奴，也不用擔心會因為養孩子而節衣縮食在自己的化妝品上節約了！

但是要知道並不是所有的女人都能夠走這條捷徑，少部分人佔有大多數的財富，而那些有錢人會娶妳嗎？他們憑什麼要娶妳，妳想過沒有？

想要給自己找個如意郎君，並不像選一件合適的衣服那麼容易，因為人和人有很多不同，妳在設定目標之前，一定要對自身做一個正確的評估。

妳要嫁一個什麼樣的人，他要多有錢？如果妳已經把金錢這一環設定在妳的要求範圍之內了，那麼妳一定要想清楚自己要嫁給一個什麼樣的有錢人。有錢人分為很多種，比如有暴發戶型，有知識性，有富二代型等等，不同種類的有錢人，他們的背景和生活方式有著很大的差異，妳應該根據自己的特點鎖定目標，或者說妳需要根據他們需求來包裝妳自己。

評估自己，妳有什麼優勢？作為女人，尤其是一個聰明的女人，最基本的要求就是要自省，明白自己的優勢在哪。總結下來有三個維度，首先是樣貌。男人嘛，沒有一個是不好色的，絕大多數的男人都會關注女人的外貌，一個長的美貌的女人，即使是無才無德，也會獲得別人的關注，這就是為什麼很多女明星嫁入豪門的道理，男人總喜

歡娶個漂亮女人，因為這樣的女人帶在身邊就象徵了男人的身分和地位，才能有面子

其次，就是女人的性格，在關注了女人的樣貌之後，一些聰明有品位的男人還會考察一下女人的德才，一個德才兼備的女人是比較受男人欣賞的，這樣的女人聰明幹練，如果性情再加上溫柔體貼的話，男人也會想娶這樣的女人做老婆，畢竟一個紅顏知己是很難得的。

最後，男人還會關注女人的家世，雖說已經不是封建社會，但是門當戶對依然是現代人結婚選妻的一個隱形條件，找一個家世好的女人，不但有修養，還會在仕途上有所幫助何樂而不為呢？

感情還是基礎。不管妳是的評估結果如何，每個女人都應該選一個愛她的丈夫，如果兩個人的婚姻不是以感情為基礎，那麼這段婚姻只能是可悲的，結果也好不到哪裡去。因為人生要面對很多風風雨雨，如果兩個人之間不能夠相互愛護，相互支持，那麼相處下來，只有金錢的關係也沒任何意義。

況且，老人有句話叫做三十年河東，三十年河西，金錢不是永久的，縱有千金如果不善於打理，也可能付之一炬。這樣，如果沒有感情，那麼婚姻又怎麼能夠經得起考驗呢？

了解了男人的需求，每個女人都應該對自己做一個分析，雖然這個世界上也會有灰姑娘這樣的真實故事，但是那種事情畢竟少之又少，能夠有這種運氣的女子更是少數，多數的時候命運掌握在自己的手裡。我們必須要對本著對自己負責的原則，深刻的分析自己的處境，不能好高騖遠，也不能委曲求全，在滿足自己精神需要的同時，也要為有保障的將來做一個萬全的籌畫。

一人的犧牲是兩人的圓滿嗎？

當妳真心實意的愛一個人的時候，妳對他也就沒了計較，為他著想，為他考慮，只想和他在一起，為他犧牲也在所不惜，女人也就由此自我感覺偉大起來。但是好男人是不會要女人一味的為自己的犧牲的，徐啟然就是這樣，儀式過程中，他對牧師說，他會一輩子對我好，不希望我為他做出任何犧牲，他要讓我幸福！聽到這裡的時候，我又一次忍不住留下了眼淚，我不記得這是自己第幾次被他弄哭，而每一次的原因都是因為感動。

我總是在這時候問自己，喬維安妳憑什麼？憑什麼擁有徐啟然這樣豐盛的愛！妳只不過是個離了婚的，有著失敗感情記錄的女人。

回想起和余浩凡的那次婚姻，一切好像還都在眼前一樣，沒有什麼浪漫的求婚，當時一切似乎都是順理成章。

……

因為同居多時，再加上我年紀已經不小，雖然在這偌大的城市中我還算是「幼齒」的，但很多與我同年的姐妹都已經多為人妻甚至為人母了，父母最牽掛的就是我的婚姻，我也不想讓他們再繼續操心。所以我們結婚之事也就必須開始安排了。

浩凡是個大男人，工作忙，所以籌備結婚的事宜自然要我承擔。我每天一下班就要考慮婚禮籌備的工作，雖然也可以一切從簡，但是當時的想法就是婚姻一輩子就只有一次，所以要對得起自己，儘量隆重些。如果我當時就知道我還要結一次婚，說不定就不會那麼大費周章了吧。就在一切都要準備就緒，婚禮快要到來之時，一件意想不到的事情發生了，這天浩凡下班後，臉色凝重的回到家，對我說：「安安，有個很不好的消息，可能會影響我們的婚禮！」

下周就是我期待已久的婚禮，雖然準備的十分辛苦，但是能做浩凡的新娘子我已經覺得很幸福了，怎麼突然又生了變故？「是什麼事？」我急急的問。

「公司要把我調到台南，那邊有個大案件，現在調過去等於是升職了，但是，我們的婚禮……？」他一臉為難的看著我，明顯是把這個難解的問題丟給了我。

第一次我懷疑自己的選擇，這個男人真的有為我想嗎？理智的我很想說：「你的事業最重要，你去吧，我們暫時先不結婚了！」可是我沒那麼偉大，說不出這樣的話。我不想說話，不知道是在跟誰賭氣。

「這樣吧，我們倆都好好想想，看看能不能想一個好的解決辦法。不行我就辭職吧！」浩凡說的有些無奈，我知道他很看重這份工作，很珍惜這個機會，他辭職？以後會不會怨我？

晚上，我們分佔了床上的兩邊，各自想著各自的心事，我幾乎一夜沒闔眼，翻來覆去的想著我們之間的問題，想找到最好的解決辦法。

遠距離戀愛的滋味，並不好受，也不想再試一次，更何況是遠距離的婚姻？如果我讓他放棄這次機會？他會甘心嗎？他是個事業心如此之重的男人，他怎麼會甘心。想來想去，似乎辦法只有一個：就是我辭去現在的工作，跟他去台南，這樣我們才能順利結婚，順利在一起！

「浩凡，我想好了，我辭職，跟著你！」一早上剛起來，我就頂著熊貓眼跟浩凡說，浩凡還沒怎麼睡醒的眼睛忽然不可置信的睜大了。他也許沒有想到我會為他放棄我喜歡的工作吧，然後感激的抱住我，「安安，妳太好了，妳為我犧牲太多了！我以後一定會好好對妳的！」

當時的我，壓抑住心中的無言，不停的說服自己，他真的會好好對我的。

▼愛情大祕笈▲

不做大女人，但是要有尊嚴

在愛情裡面，很多時候女人是很富有犧牲精神的，當女人愛一個男人的時候，她們總是很容易變得奮不顧身起來，變得充滿母性和偉大的情懷。她們喜歡為這個男人做她所能做的一切事情，在物質上卻可以不求絲毫的回報，好像這些會玷污她們的聖潔的初衷。是的，她就是要他欠她的！

面對這樣的女人，不得不說一句，適可而止吧！因為這樣做只會委屈了妳自己，讓妳在這段關係裡變得越發的沒有尊嚴。因為男人的思維和女人是不同的，妳以為他會感激妳的犧牲，讚歎妳的偉大。但是事實往往是相反的，男人始終反應遲鈍的動物，他們很容易被妳慣壞，然後變得理所應當的享受著一切，不帶任何感激，反而是下一次妳沒有好好的為他服務，他反倒覺得妳做的不對了！然後抱怨連連。女人試著拿回妳的尊嚴，重新樹立自信心吧！

♥學會說「不」

男人喜歡那些小鳥依人的女人，因為她們溫柔似水，讓男人感覺很有保護的欲望，當她在他懷裡的時候，他總會覺得自己充滿了男人味。但是過度的「小鳥」也會讓男人失去新鮮感，總是百依百順，也會讓他們覺得沒有挑戰。別忘了，男人是放養的動物，他們總是對新奇的東西充滿好奇心，然後去探索去發現，對女人也是一樣。

所以，當他的愛情已經開始變得平淡的時候，妳要及時的改變，出一些新點子，來吸引回來他的目光，比如他那些不合理的要求，妳可以大膽的說「不」，同時說出妳反對的理由，不必在意他看妳時的驚愕表情，這表示他已經開始對新的妳感到好奇了。

❤讀書破萬卷，做個有涵養的女人

俗話說「讀萬卷書，行萬里路。」、「開券有益」，女性的自豪感可以通過讀書來實現。如果妳相貌不夠漂亮，讀書可以讓妳變得更加自信，來彌補妳的不足和自卑。通過讀書女人還可以滿足，和男性平起平坐的快感。女人的讀書可以讓女人變得更有女人味，加深自身的文化沉澱。

前途，比我還重要？

我再一次打點行囊，義無反顧的跟著浩凡前往了一個陌生的城市。這一次，我認為會和以往不同，因為有他所以我不會孤單。我充滿這對未來的憧憬和信心，即使沒有漂亮的婚紗和豪華的喜宴，只要揣著那張結婚證書我就覺得安心，充滿勇氣。

那時我相信浩凡是和我一樣的，我相信他重視我們的愛情，他正在努力不是為了他自己而是為了我們的未來。但是我錯了，男人的心比女人的要大，他們裝的東西太多，愛情在裡面只不過是微不足道的，事業、名譽，對他們來說才是第一位的。

來到台南，我就和浩凡住進了他們公司事先給安排好的套房裡，房間在台南市的中心，地理位置不錯，超市、購物中心一應俱全，這標誌著浩凡在公司價值的提升，這層意義對他來說最重要。

至於別的他可能並不在意，在他看來，房子不過是一個臨時居住的地方，至於他的生活起居，本來也是由我打理，這些細枝末節的地方他就更不會在意了。他從不會考慮，自己碗裡的飯菜是老婆在哪個菜市場，走了多遠路買到的，又花了多少時間做出來的。他把這看成是理所應當的，而我以前也傻到從不向他訴苦，反而陶醉在這種我自己幻想出來的偉大之中，真是蠢的可以。

剛到台南，浩凡便開始了在這邊的工作，由於剛剛到任，新環境和新付出同事都需要去適應，他便格外忙碌。而台南跟台北相比，是個不大的中等城市，我原來的那種性質的公司在這裡很少有，所以工作並不好找，一定程度上限制了我發展的空間。兩個月過去了，儘管我在積極努力，當時仍舊沒有合適的工作出現。這段時間我不得不淪為了一個全職的家庭主婦。

主婦的日子有些難熬，尤其是在一個舉目無親的地方，除了每天在超市見到幾個附近的主婦能夠閒聊幾句，幾乎沒有其他的人可見到，悶的發慌，就盼著浩凡下班。他下班之前我會精心的準備一桌子的飯菜等著他，如果他加班的話，我就會熱了又熱，直到他回來。

也許是太寂寞了吧，每天見到他我就總有說不完的話，不停的和他嘮叨，比如我今天的見聞，亦或者是電視上的八卦，總之，不管說些什麼我就是想說話。一開始，浩凡還能忍受，後來時間長了，他就表現出不耐煩但是又得忍住的態度。有一天，他竟然遞給我一張信用卡，說：「安安，出去逛逛街吧，別總在家裡，會悶壞的。」

也許他是一番好意吧，也許他並不是那麼厭煩，只是他有他的工作要做，每天無暇理會我的嘮叨。我那時處於一種很不正常的狀態，當然，當時的我是不可能意識得到的，我只是覺得他對我不好，不理我！只要工作，忽略了我的存在，於是我越來越不滿，而且我知道這種不滿終將在一天爆發。

▼愛情大祕笈▲

解讀男人的殼（一）

都說女人的情緒變化無常，是感性動物。其實男人也一樣，只不過他們的表達方式和女人不同而已。男人們，往往要假裝堅強，把情緒放在心裡，儘量不表現在臉上，很多時候心裡已經天翻地覆了，面子上還要強裝鎮靜，這點上比女人要虛偽的多。

所有男人幾乎背上都背著一個沉重的殼，這個殼既讓他們感到壓力和負擔，但同時也讓他們感到安全，如果有些情緒，他們就會鑽到殼裡，把自己封閉起來。

這個時候在殼外的女人就著急了，「為什麼他不理我？」、「為什麼他對我這麼冷漠？」、「他是不是有別的女人了？」女人開始發揮她們與生俱來的想像力，去用自己的方式理解男人的變化，其實大可不必。

如果妳真正瞭解妳的男人，妳會發現你們有很多時候思考問題的方式是很不相同的，甚至角度都存在巨大的差異。

女人是感性動物，很多時候遇到情緒，喜歡表述出來，比如找人聊天，期盼交流，而最多的時候回去找自己的男人，但是男人就不一樣，他們不喜歡什麼事情都拿出來品評，他們喜歡自己獨立的去思考。所以女人在男人面前喋喋不休的時候，他們總是難以理解，為什麼她會有那麼多的話要說？

親愛的，你哪去了？

徐啟然出差還未歸來，週末我獨自在家享受單身生活的最後自由。午飯為自己做了一份八分熟的牛排，美美的喝了一杯七十五年的紅酒，然後倒在床上安逸的睡去，覺得一周的壓力都在此刻釋放了。

醒來後，目光散漫的在房間裡遊移，最後落到了櫃子上的ＤＶＤ上。好久沒看電影了呢，這兩年工作太忙，時間太少，看一場電影似乎都變成了奢侈，早年為電影的瘋狂已經被生活壓的蕩然無存，不知道什麼時候開始，我開始把這項娛樂身心的活動，看成是浪費時間的無意義活動，看電影已經習慣快轉、快轉，只看一個結局就夠了。

這樣一個難得慵懶的下午，我忽然重新燃起了看一部影片的熱情和耐心。想到這我爬起來，在櫃子裡翻騰了半天，翻出了一個裝滿影碟的盒子。這裡面都是曾經我最愛的片子，那時我是個名副其實的電影狂，各種片子都看，不分國度不分類型，全都來者不拒。

「這是……，香奈兒？」我拿起一張躺在盒子底部的有點發舊的光碟，回憶像畫卷一樣被展開。

我得到這張光碟的時候，我是個全職的家庭主婦，每天穿梭於菜市場和家庭之間。這樣的生活我感到厭煩，但是我那時的男人卻對此感到滿意。無聊的家務事之外，看電影就成了我唯一的樂趣。

《香奈兒》這部片子是有一次我在出租店中無意中發現的，我很喜歡Channel服飾的設計風格，也聽說創始人Coco Channel是個傳奇式的女人，於是買下了它，準備回家解解悶。這部片子不是煽情的情感片，但是我記得當時我自己坐在電視前，卻看到淚流滿面。我被這個女人的自強不息，堅強獨立，永不言敗的精神徹底感動了。從她身上，我想到了自己，難道我就要窩在這個一隅之地浪費我的青春和熱情嗎？

CoCo給了我勇氣，我決定當天晚上和浩凡談一談，這個小屋困不住我的，我知道，無論如何我都要走出去！

「妳覺得出去工作有多大的意義？」浩凡一聽我說完自己的想法，馬上反問道，他的反應我已經料到。

「我知道從一個陌生的城市重新開始很難，但是我仍然想試一下，我懷念那種有工作、熱情的生活！」這次我決定堅持自己的想法，有好多次我都是不想引起爭端而委曲求全了，不能一再退讓了。

經歷了一番激烈的爭論，浩凡終於說道：「好吧，隨妳吧，我不想再說了，等妳碰了釘子妳就知道了。」說完，他去洗澡了，顯然不想跟我再多說了。

我一個人站在客廳的中央，忽然感覺這個十幾坪的房間開始無止盡的變大，一直延至到宇宙的邊際，我感到無比的孤獨，是的，他是不再反對了，但是顯然他也並不支持我，我是多麼需要自己的丈夫能支持自己，就像我支撐著他一樣！

我第一次感覺到，那個昔日與我相依的男人不知道去哪了，眼前的這個人開始變得如此陌生。

人和人終究是不一樣的，即使是相愛的人也會各有所想，這是很正常的！我不停的告訴自己，強迫自己把剛剛那些可怕的念頭趕走。

▼愛情大祕笈▲

解讀男人的殼（二）

面對理解和感悟截然不同的男人，女人應該要十分清醒的認識到這種不同才行，否則，兩個人之間的溝通無異為火星撞地球，必然會產生災難性的後果。

婚姻需要經營，兩個人之間也需要和諧相處，所以女人必須要花些力氣去瞭解男人們到底在想什麼，當他們走進殼的裡的時候，自己應該做些什麼？

❤尊重彼此的差異

差異確實存在，只是妳和妳的男人大多數時候都不知道，妳喜歡用自己的主觀去推測對方，因此會覺得他很「過分」，自己很委屈。現在妳瞭解了，妳就要試圖站在他的角度去考慮問題。同時在氣氛合適的時候告訴他妳的需求，讓他也瞭解妳們的不同。並告訴他這種不同並不是只存在於妳們之間，它存在於任何一對男女中。

在溝通中，學會比此尊重，瞭解對方的雷區在哪裡，這樣就會避免很多無謂的紛爭。

❤面對壓力，男人的需求

男人有了壓力，他們很少會想到和別人去傾訴，他們覺得這會給其他人造成負擔，並且這樣會顯得自己很脆弱。能夠解決問題的只有自己，因此，他寧讓自己獨自去承受。這種情況發生時，他們就會顯得很冷漠，他們悄悄的走回自己的殼裡，不想被外界的事物打擾，包括他們的愛人在內。

有時他們的表現是少言寡語，沉浸在自己的世界中；有時他們會選擇用其他的方式來轉移自己的注意力，比如看看球賽，打打遊戲。只要適當調節，或者是事情解決了，他們自然就能夠恢復正常了。

♥切勿多疑，相信愛人

女人的疑心病常在男人在殼裡的時候發作。由於男人的冷漠，女人開始懷疑，為什麼他要這麼對我，是不是他不愛我了？類似的問題在女人的心中糾結，她們越是想知道答案就越是忐忑不安。於是她們找到正在殼裡的男人一問究竟。這時候男人會覺得女人太喜歡無理取鬧了，他們的態度顯出不耐煩，氣氛因此變得有點凝重。

♥順其自然，給彼此留一點空間

女人在感情上應該學會欲擒故縱，因為男人就是這樣一種動物，他們渴望自由，同時又充滿好奇心。如果妳管的太緊，他們會想方設法的掙脫，兩個人貼的太近也往往會讓男人失去好奇心，感到乏味。

尤其是男人在殼裡的時候，聰明的女人是絕對不會在這個時候去招惹他的，而是比平時更加做出溫柔乖巧狀，體貼壓力過大的男人，這樣的話，男人會在「出關」那天感激不盡的。

♥精神獨立，才是真正的自由。

兩個人畢竟是兩個人，即使結婚生活在一起，也不可能有完全同步的生活，工作和人際圈的不同，註定了彼此要有各自獨立的空間。尤其是男人，更加渴望這些。

戀愛之初，有很強的新鮮感，和好奇心。但是一旦步入朝夕相處的生活裡，男人就會要求有更多的個人空間，拒絕總是粘在一起的狀態。妳自己卻不是這樣的，結婚之後妳可能會比以前更想和他在一起，希望參與到他全部的生活中去，一旦被冷落就會覺得備受委屈。

其實這都是由於妳不夠獨立的緣故，也許妳會說，我自己工作，自己賺錢，有什麼不獨立的？這些遠遠不夠，真正的獨立是心理上的自我肯定，懂得如何和自己相處，排解寂寞和孤單的情緒，有感情之外的愛好和興趣，充實的生活。

柴米油鹽的戰爭

人在年輕的時候習慣對抗一切世俗，總是不相信那些已經存在的規則，喜歡執著於自己所想。但是總會在與規則對抗碰而碰的遍體鱗傷後，才會學乖一點點。我那時候也是這樣，身邊一些比我年長的女人們常說：婚姻是愛情的墳墓！當我還未經歷婚姻時卻怎麼都不肯相信，我執著於它的美好，潛意識中依然相信同王子結婚會過上幸福的生活，這是公主的最好歸宿！

自從來到台南之後，我和浩凡之間的爭吵就多了。我不顧他的反對找到了一份工作，每個月拿著不多的薪水，工作壓力和付出卻根本不成正比，我有時候也想打退堂鼓，但是心裡知道那樣的話肯定會被他嘲笑，所以依舊堅持著，同時也觀察著看看能不能找到其他的機會。

台南的工作機會要比台北少的多，我之前的大公司經歷，在這裡根本不占什麼優勢，老闆看中的是你能不能拉來客戶，而個人資歷和職業技能在這裡幾乎是完全被忽略的。因此，眼下看來我只能先窩在這家小公司了。

幸好我並沒有脫離原來的行業，所以還有一些人脈可以利用，從原來同事那裡爭取了一些合作，三個月下來，績效已經成為全公司第一。老闆很高興，有一天把我叫到他狹小的辦公室，神祕兮兮的告訴我他打算升我的職，我當然不會拒絕這樣的好事，一是工資有所提高，二是也可以證明給余浩凡我的能力。當我把我升職的消息輕描淡寫的告訴余浩凡的時候，他似乎有些吃驚，有些輕蔑，又有些不願相信的樣子，總之是一種複雜的表情，我不喜歡他這種表情，我心裡感到很失落，這就是我的男人，一個不能和我一起分享快樂的人。

在虛假的對我進行了一番鼓勵後，他終於還是表達了他想表達的意思：「可是，我們的家怎麼辦？」

「我們家？」我裝作沒聽明白，反問道。他指了指四周，整個客廳確實比以前亂了很多。除了傢俱、地板開始鋪下灰塵外，沙發和茶几上也亂七八糟地堆放著各式各樣的物品。

「我們兩人不能都在外面忙碌吧，要不這個家真的沒人管了！」他繼續說道，我想我早就猜到了他的意思。但是我卻不準備犧牲我的自由，於是說：「你說得對。看來，我們當中的確要有一個人留在家裡了。」他臉上露出了滿意的神情，好像在表揚我的乖巧。我沒理他，拿起衣服準備出門。

「妳不是已經決定留在家裡了嗎？還加什麼班？」他不解地問道。

「嗯？誰說我要辭職？」我頭也懶得回，邊穿上高跟鞋邊說：「既然你覺得這個家需要人維護，那就由你來做好了！」

我幾乎能想像到他那被我撇在身後的難看表情，但是我不願理睬，我覺得自己受傷了，不是身體，而是心，我需要躲到更多更多的工作裡，才會覺得安全。

▼愛情大祕笈▲

平淡生活才是真

面對婚姻和愛情，每個人都有著自己的憧憬，但是現實的步入婚姻的圍城中後，卻發現想像中和現實差距太大。戀愛是美好的，富有激情的，並且堪稱完美，而婚姻則不同，以往的那些激情很少能夠持續下去，多數都是歸於平淡，兩個人每日被一些柴米油鹽的小事所累，有時甚至會因為這些小事而爭吵，這時妳可能會睜大了雙眼看眼前這個男人，好像從來不認識他一樣，妳奇怪當初那個溫文爾雅的紳士怎麼變成了如今這個蠻不講理的莽夫，更不解自己為什麼會嫁給他？

其實妳大可不必對婚姻如此失望，因為十全十美其實並不常見，那些沒有煩惱的夫妻也幾乎是不存在的。大多數人都過著像妳一樣的柴米油鹽的生活，這才是生活的常態。妳要想的並不是如何從裡面解脫，而是用更好的方式去應對，學會相處，才能和諧的生活下去。

那些過的好的夫妻，往往是對對方十分瞭解，兩個人已經形成了一種長久的默契，才能在漫長的人生旅途中，相符走過，白頭偕老。

那麼這種夫妻都具備什麼特質呢？是不是大家都可以朝著這個方向而努力呢？答案是肯定的！

那些最容易白頭偕老的夫妻，多數是屬於夥伴型的關係。也許愛情至上的妳會立刻跳出來反駁，說這種過日子的形式並不是妳嚮往的完美婚姻，妳要的是轟轟烈烈，瀟瀟灑灑的愛情，很遺憾的告訴妳，根據調查顯示來說，這種婚姻的耐久性遠不如夥伴型婚姻。

為什麼夥伴型婚姻容易持久呢？

生活其實是平淡的，像電影中那樣的大起大落並不是很多見，大多數的人生是平庸的，所以說把平庸的生活過好就是幸福的。兩個人生活久了，早先的激情慢慢的也就消失殆盡了，尤其是當浪漫的愛情遭遇了人間的煙火之時，兩個人如果不能在未來的路上相互扶持度過，那麼婚姻終究會走向解體，即便不是如此，兩個人也難免會過的不開心。什麼是夥伴型的婚姻呢？夫妻之間的關係亦親亦友，是最理想的婚姻狀態，兩個人可以共同的承擔生活的壓力，也可以一起分享生活中的快樂，有共同的人生目標，一起朝著目標奮進，去面對未來的困難和機遇，彼此之間更加珍惜，這就是理想的夥伴型婚姻的狀態。

如何才能達到理想的夥伴型婚姻關係呢？雖然說婚姻模式是因人而異的，但是總體上來說，兩個人應該有共同的目標，並且要互相尊重，平等互助。男人不能夠因為自己的經濟上佔有優勢而指揮或者是命令女人，當然女人也不能完全依賴男人，應該學會在經濟和物質上獨立。

閒暇時間兩個人一起做一些開心的事，給生活增添情趣，讓婚姻保鮮。一起去旅行是個不錯的選擇，兩個人到一個沒有熟人的環境，之間的關係會有新的感悟，這個時候也更加容易形成彼此之間的安全感。

Chapter 5

剪不斷，理還亂

愛情的保鮮期有多久？有人說是一個禮拜，有人說兩年，也有人說七年之癢……

居高不下的離婚、劈腿率證明了忠貞不渝的愛情只能是小說電影裡的橋段。即便是那些攜手度過幾十年的老夫老妻，也難保自己沒有過動搖的時候、分手的念頭。

婚禮儀式終於在眾人的祝福聲中結束了，大家開始步往酒席現場，我也已經在伴娘的幫助下去換好了一身大紅色的中式旗袍，準備隨車前往。這時，我看見余浩凡正朝著人潮往另一邊走去。

於是我迎了上去。
其實我自己也不知道這樣做的目的是什麼，可能是我感覺到他要走了吧，所以想和他說聲再見，僅此而已！

越來越不瞭解你

「浩凡？你要走了嗎？」我從後面叫住他，他猶豫的轉身，說道：「嗯……我……我還有點急事要去辦一下。所以就不留下了。」很爛的理由，一聽就是他找的藉口。所以也不再說什麼，只是走過去，用力擁抱了一下他，說道：「謝謝你今天能來！真的很感謝！」

他略顯手足無措，我忽然感覺很釋然，然後說：「這才是我認識的『路人甲』！這幾年我覺得你變了好多。不過還好，現在終於又看到你了。」

這次告別之後，也許永遠也不會相見了吧，我想。人的變化真大，想一想曾經有一個時候，他真的變得很陌生呢！

婚後一陣子，我接到來自律師的電話，他告訴我，浩凡已經為我們以前的老房子找到了買家。離婚時我們約定，房子直接賣掉，財產各人一半，可能是都對那裡心存留戀吧，所以誰也沒有很積極的去找買家。因此，房子一直沒有賣掉。

小詩正好也打來電話提醒我在婚前要做清楚財產公證。「你們兩個都不算窮人了，妳自己不是也有間房子嗎？一定要提前公證，還有就是別忘了讓他在新房上加上妳的名字，聽見沒有？別最後落個人財兩空！」

「我知道、我知道啦！」我有點敷衍的應付完她，心裡知道她是一番好意，她在用她的方式關心我，只是我們的價值觀不同，她沒辦法理解我罷了。不過說到我的那間房子，我倒是很久沒有回去看過了。那間房子在台南，是我和余浩凡結婚時候買的，現在的價錢已經翻了一倍了吧。

那是在我們結婚之前，我們倆人到處為房子的頭期款借錢，兩個人都不想開口跟父母要錢，所以這個房子買的格外困難。現在看來當時他是有眼光的，他堅持要借錢也要買一套好一點的，這樣房子的增值空間會大些，事實證明也是的確如此。現在這套房子已經完全歸我名下了，按照余浩凡離婚時的說法，他對我有所虧欠，沒有履行好當初的承諾，沒有對我一輩子好，一輩子照顧我，所以他要補償我。

我想我應該不會再回到那個城市了，而即便是我還會回去，我也不會在那房子裡住了吧，畢竟那裡還有著我的很多開心、不開心的回憶。以前我一直對這些回憶有很多不捨，所以一直沒有下決心賣掉它，現在該是時候和過去做個了斷了。

那裡有我最開心和最不開心的回憶，所以我已經很久沒有回去了，也不想再去碰觸那些回憶。在婚前一個月，我回去了一次，去取一些舊物。

找了稍微清閒的一天，我請了兩天假，獨自開車來到台南。三四個小時的車程，我有點疲憊，所以直接來到了台南的那座公寓裡。離婚後我就離開了這裡，沒有再來過，房間的傢俱上被我蒙上的白色布單，已經被一層厚厚的灰附著著。我簡單的打掃了一遍，把白布單撤掉，原本已經死掉的房子好像又恢復了一絲的生氣。

房間裡的每一件東西都是那樣親切又陌生，我似乎能想起來它們都是在什麼時間，因為什麼來到這個家的，比如牆上的那副向日葵，就是一次我和余浩凡逛街時候買下的，那時我們還沒結婚，還沒有房子，我很喜歡這幅畫，雖然有點小貴他依然毫不猶豫的買下來了。後來它一直跟了我們好幾年，每次搬家都要帶上它，直到它終究不用再搬家，但是買下它的主人卻都已經棄它而去，只留它自己孤零零的在這個空蕩蕩的房間裡。

在這個房子裡，浩凡完成了他作為一個男人的蛻變，同時我們的愛情也被帶進了墳墓。

臨走時，我把房子徹底的清潔了一遍，因為我就要再嫁了，我有種感覺，這裡也快要易主了，我的心情就像一個要嫁女兒的母親一樣，想把它收拾的漂漂亮亮的送出閣。

臨走時，我把一件衣服留在了這裡，這件大衣伴隨了我很久，也是我最貴的一件衣服。當初因為買它還和余浩凡發生了不小的爭執。現在讓它和那些爭執都遠離我的生活吧。

▼愛情大祕笈▲

婚後，哪些問題在腐蝕你們的感情？

很多人的婚姻似乎都逃不過傳說中的七年止癢，有些人癢過了，雖然沒有鬧到曲終人散的地步，但是兩個人的感情也已經大不如前，婚姻只剩下貌合神離的空架子。

其實，婚姻變質也不一定是在第七年上，所謂的七年止癢也只不過是個粗略的時間估計，每個家庭都有所不同，所以也不能一概而論。但是婚姻的問題有其相似性，所以很多時候，很多夫妻都會有相同的遭遇。

也許很多已經在婚姻裡摸爬滾打的大姐大嬸經常會在妳這個「菜鳥」面前灌輸婚姻的可怕，這些不幸的遭遇，讓人聽了總是有不要結婚的念頭。其實大可不必，下面就總結一下婚姻之所以會變質的幾個誘發原因，從而更容易規避這些心理陷阱，從而讓自己的婚姻更加健康的發展下去。

❤過度依賴婚前的承諾

有些在熱戀期的男女會許下山盟海誓，比如說要相守一生，白頭偕老等等。這個時候說出的承諾往往是最美好的，但是世事變化，感情尤其是存在著很多的變數，日後是否真的會如願，也未可知。

一方如果過於依賴這些承諾，就會給另外一方帶來很大的壓力，擔心自己不能兌現。同時這種依賴如果經常被從言語上表述，就變成對對方的要求，長此以往，那些原本看起來美好的承諾就會變成感情的羈絆，累人累己。

♥患得患失，終必失

一些女人戀愛之初好像很瀟灑的樣子，在一起之後往往就很怕失去，每天總是纏著男人陪自己，以為這樣就能留住男人的心，但是事實卻總是相悖的，越是這麼患得患失，男人就越是感到厭煩，最後被嚇跑。所以女人要有「架子」，不能太過低聲下氣，這樣容易慣壞男人。

♥總想改變對方

女人總想改變自己的男人，其實這種想法本身就是錯誤的，所謂江山易改本性難易，就是這個道理，每個人都不喜歡做事時被別人指手畫腳。

結了婚就要接受對方，不能總是對方挑三揀四，妄圖改變他的一些習慣，這樣只能起到相反的作用。妳可以試著和他溝通，告訴他妳不喜歡這樣的原因，這樣才能互相之間相處的融洽。

♥高度發揮福爾摩斯的探案精神

很多女人有一個特點，就是疑心病很重，發現丈夫有什麼不尋常的蛛絲馬跡之後，就立刻會發揮福爾摩斯的探究精神來，天天盤問對方：「今天晚上去哪了？」「你是不是愛我？」之類的問題。本來沒什麼問題的男人，在這樣反覆的拷問之下，也會覺得很煩，每每都敷衍了事，時間長了甚至引起了極度反感！

♥嫉妒心理

女人是善於妒忌的，醋意大發的時候尤其可怕，婚前女人吃醋可以看做是可愛的表現，但是如果婚後仍像掉進醋缸裡一樣，難免會引起男人的反感。這種嫉妒心理會讓女人像一隻好鬥的公雞，每天神經都處於一種緊張的氣氛中，說話也處處帶刺，長久下去，原有的魅力就會消失殆盡，男人也會逐漸的產生審美疲勞。

左手握右手＝失去感覺

有時候，物質會改變一個人，尤其是一個男人，平心而論余浩凡是個好男人，他上進，有事業心，也不花心，只是我無法接受他的改變吧。當環境發生了變化，我們兩個人選擇了不同的方式應對，在同一條路上我們選擇了不同的方向，兩個人都想往好的地方發展，卻對這種變化無能為力，最終只能走向不同的目的地。

自從我們住進了這個房子，好像一切都在慢慢變化，但也許變化一直都在，是我太後知後覺了吧。浩凡每天努力的工作著，早出晚歸，我也是，這一切都是為了生活下去，為了能夠更好的生活下去，生活的壓力讓我們必須如此。

我們都在工作著，但是我們卻又那麼不一樣。工作對於我來說很重要，但如果把我的感情和工作一起放在一起比較的話，我一定是以感情為先的，就像我曾經會為了他放棄我在上海的機會一樣。對於他來說可能和我不一樣吧，他把他的全部精力都投入了他的工作當中，與工作比起來任何事情都是小事，包括我在內。

浩凡會很明確的告訴我，他工作的時候不要傳簡訊或者是打電話，因為他一旦忙起來，是不會理我的。有一次，我在公司忽然胃痛的不行，同事說：「趕快打電話給妳老公，讓他來接妳吧，妳看妳額頭上都在冒冷汗了。」我想了一下，還是怕打擾到他工作，想到他不開心的樣子，我還是忍住沒打電話，自己叫了一輛計程車，回家了。

那天他回家很晚，洗個澡都沒有注意到提早躺在床上的我有什麼異樣，不知道為什麼我也沒有告訴他我生病了，只是一邊聽著他的鼾聲，一邊在被窩裡讓淚水靜靜的流下，默默的吞下所有的難過。

這樣的事情一次、兩次、三次下來，我發現我變得堅強了，很多時候我都不會再和他說，家裡或者我自己有任何狀況，我也都能自行處理。我變得沒那麼需要他了，他的存在不知道什麼時候起變得有點可有可無了。

有一天，我和浩凡一起吃飯，我夾了一塊肉到他碗裡，他頭也沒抬的對我說了聲：「謝謝！」我忽然愣住了，感覺眼前的他變得好陌生，我目不轉睛的看著他，想從他身上找回那個親切的影子。但是只是陌生、陌生……

他注意到我在看他，抬頭問我：「怎麼了嗎？有什麼不對嗎？」

「沒有，沒有……」我低下頭，迅速的扒了兩口飯在嘴裡，但是卻感覺這口飯好像堵在了喉嚨裡，怎麼都咽不下去，一顆碩大無比的淚，順著臉頰滑到了飯碗裡，但是浩凡趕著上班，所以沒有注意到我的變化，只是道了聲再見，就匆匆走了。

這樣的婚姻，已經不見了昔日的激情，我有時甚至懷疑自己是否曾經經歷過那些浪漫，那些雪中的玫瑰以及情意綿綿的訊息，實在沒辦法和眼前的這個不解風情的男人聯繫在一起。這樣的婚姻讓我越來越痛苦，有時候我甚至想要逃走，逃到天涯海角去。

▼愛情大祕笈▲

沒了激情，怎麼辦？

都說婚姻是愛情的墳墓，這是因為在結婚之後，漫長的相處，會把當初的神祕感和激情消耗殆盡，慢慢的兩個人之間的感覺無異於左手握右手，沒有什麼感覺了，這也就是為什麼結婚七年很多婚外情發生的原因。

其實婚姻從來就不是一個神話，一些成功的婚姻之所以能夠使夫妻兩個白頭偕老是因為兩個人的共同經營。激情不會永遠都存在，但是在它快要消耗殆盡的時候，通過一點浪漫的小動作，還能把它重新點燃，只要兩個人有心就會讓它永遠不息。但是夫妻之間應該如何找回熱戀時的美妙感覺呢？

❤把快樂和煩惱全部釋放

婚姻並不是簡單的一加一等於二，而是要努力達到一加一大於二。兩個人的婚姻之初能夠約定，婚後無論發生什麼事情，無論是開心或是失望都能夠一起分享，那麼之後的日子就會很和諧。

開心的事情說出來，兩個人都會很開心，而不開心的事情說出來，也不會讓它憋在心裡難受。相反，那些過於「獨立」的夫妻，就容易由於缺乏溝通而越來越疏遠，當激情不再的時候，兩個人就會分道揚鑣。

婚姻過了三年，就是所謂的皮革期，這個時候是兩個人最需要磨合的時候，婚姻日趨穩定，兩個人的關係也就相對穩定了。但是同時，也意味著這種關係開始變得平淡和乏味。如果要想婚姻保鮮，永遠保持新鮮的快感，就必須要持久的創新。做到這點首先務必要對婚姻充滿信心，正視婚姻中的矛盾，在共同的生活中多多發現兩個人之間的共同喜好，並且努力去實現它，比如一起看電影，一起聚會，一起去旅行。

這個時候，不能因為結了婚，成了老夫老妻就對婚姻有所懈怠，因為這個時候兩個人之間的關係仍然是脆弱的。只有付出更多的關心，更多的體諒，才能能幸福源源不斷的持續向前。

❤建立屬於兩個人之間的默契

都說人和人之間是心有靈犀的，夫妻在一起時間長了，連長相都會變得相似起來，這就是所謂的夫妻相。其實這變相的說明了夫妻在長時間的相處中會形成一種默契。一個動作，一個表情，都可以揣測出對方的想法，能夠從根本上去理解對方，如果能達到這個境界，相信兩個人之間的感情已經超越了激情，更像是一種相濡以沫的親情。

所謂的七年之癢，是很多婚姻都無法逾越的阻礙，有些婚姻沒有問題，但是聽多了，到了第七個年頭也會有所問題。其實七年之癢並不可怕，只要妳找到適合你們的感情的表達方式，愛情就是堅固不可動搖的。

❤孩子是婚姻最好的調和劑

如果結婚過了三年，且一些客觀條件具備的話，那麼要個孩子其實是個不錯的選擇。有了孩子的父母會成熟很多，這是毋庸置疑的。同時，孩子是婚姻中很好的快樂紐帶，他可以幫助兩個人之間有更好的表達和交流，作為媒介可以讓夫妻感情更加融洽，並且有利於兩個人之間的親情升溫。

兩個家庭的戰爭

早上接到一個電話是徐啟然的母親，我未來的婆婆打來的，徐啟然現在人在國外，所以她打給我問問婚禮的籌備情況怎麼樣了。我和她老人家一一彙報結束，她囑咐我工作不要太辛苦了，婚禮只是個形式，不必太操心了，關鍵是兩個人日後的生活。

婆婆是一位大學教授，為人很親切寬容，看到她你就可以知道為什麼徐啟然天生就有一副洞達世事的寬闊胸襟，這和家庭的薰陶，父母親的性格影響分不開的。都說結婚是件複雜的事情我認為的確是這樣的，年少的時候認為只要是兩個人相愛就沒有解決不了的問題，最終會在一起幸福的生活的。但是這只是美好的希望罷了，現實要來的殘酷的多。就像我一個朋友說的：「婚姻是兩個家庭的結合！」

這裡面的問題太多了，如果只是兩個人有感情，但是和周圍的環境都不匹配的話，那麼就會很困難的生活下去，我和前夫余浩凡就是最好的例子。

……

在我和浩凡買房半年的時候，一切漸漸穩定下來，雖然兩個人都很忙，當時從錢的角度來說，我們已經可以負擔現在的生活了。這個時候，他忽然提出要讓他媽媽來和我們一起生活，我聽後覺得很吃驚，他的理由是，他媽媽可以來照顧我們的生活，這樣我們就可以把更多的精力放在工作上，我也可以從家事中解放了。

我知道他說的有道理，但我還是覺得很不舒服，明明是兩個人，忽然要多出一個人來，我感覺怪怪的。面對他的一片孝心，我又不好提出什麼反對，所以最後還是同意了。

浩凡的家庭條件不是很好，從小母親就為了他能好好讀書，在市場裡做些小生意，為了浩凡付出了很多，所以浩凡格外的上進和孝順。這些都是讓我不得不同意的理由。只是讓我想到了我媽媽，她也只有我這一個女兒，她很想和我一起生活，但是礙於女婿在，不想打擾我們，所以她從來都沒提出過這方面的要求，現在我忽然感到很對不起、很對不起她。在一個風和日麗的週末，我的婆婆提著大包小包從家裡來到了台南。我那天加班沒有去接她，據浩凡後來說，婆婆一下車就問我怎麼沒來，顯然在她的意識中我這樣做是不對的，對老人家不夠重視，稱不上是個賢慧的媳婦。

婆婆很勤勞，自從她來到我再也不用早起做早飯了，家裡也都是她來打掃，不用我來插手，這倒並不是因為什麼體諒，主要是她覺得我家事做的並不好，達不到她的標準罷了。其實這些我倒是無所謂，老人家總是有點要求的，作為一個晚輩我應該知足，只是讓我覺得鬱悶的是，每次婆婆做飯都會給浩凡單獨做個小炒，然後把肉鋪滿了他的整個飯碗，這些小動作，讓我看了心裡怎麼也舒服不起來。

▼愛情大祕笈▲

婆媳關係的緊箍咒

當代婚姻問題的誘因中，婆媳關係緊張這個因素名列前茅，雖然同為女人，但是這兩個女人之間的矛盾卻好像是永遠也沒辦法調和的一樣。怎麼和那個難纏的「母親」相處，成了年輕女性最為頭痛的一件事情。古時候就有著名是人陸游因為老婆唐婉和母親的關係不合，最後不得不忍痛割愛，被母親逼得休妻。雖然現在已經是自由社會了，但是這種因為婆媳關係不合而導致離婚的案例也不在少數，那麼到底應該如何和婆婆相處好呢？

❤尊重關心婆婆

做媳婦的畢竟是小輩，不管遇到一個多麼蠻橫不講理的婆婆都應該盡力去遷就，去關心她。人老了多少會有些不近人情，所以對她寬容些，儘量多讓著她，她自然也會體會到妳的好處。比如妳可以做下面的一些小工作，多數都很有效果：有事沒事多和婆婆商量事情該怎麼辦，尤其是妳不太在意的事，讓她做決定，她會感覺到妳在尊重她；多給婆婆些零用錢，讓她買些喜歡的東西，尤其是對那些沒有經濟來源的婆婆們這招很管用；經常下廚做一些婆婆喜歡吃的菜，把好菜留給她；平時一些她可能會反感的習慣和舉動，要儘量少在她面前做。

♥嘴巴甜，婆婆最喜歡

老人家有時候就像小孩子，需要別人哄著。妳越是和她對著幹，她就越是能無理取鬧，她是老公的母親，妳和她對立，真不見得有什麼好處，只會讓老公兩邊不是人，但是對方畢竟是他的親生母親，所以幾個回合下來，可能吃虧的還是妳。俗話說，伸手不打笑臉人，更何況這個笑臉人是她的媳婦呢？老人很在意這些規矩，只要妳講規矩了，嘴巴甜點，肯定能夠討她歡心。

♥有不同意見，也不要爭吵

和老人談話，最重要的是要講究語氣，如果意見不合，也不要有言語衝突，因為畢竟對方是長輩，做小輩的理應謙讓。平時如果對婆婆有意見也不要在鄰居和親友面前亂講，因為話傳話，很容易傳的走樣，到時候沒有矛盾也真的弄出了矛盾來，豈不冤枉。

如果有非說不可的事情，那麼最好就開誠佈公的坦白講出來，找一個適當的時機，先用其他的方式把婆婆哄哄，婆婆心情大好了，再談。如果不方便直接溝通，可以讓丈夫委婉轉達。

♥丈夫的作用不可小覷

如果婆媳之間發生了矛盾，丈夫或者是公公都會起到很重要的作用。他們在戰爭中保持中立，在戰火交加的時候，就可以站出來勸架。

♥精神和物質安撫相結合

對婆婆的照顧要是多方面的，包括物質和精神。定期給她買些喜歡吃的食物，或者是帶她去參加一些老年活動，她都會很開心。婆婆對媳婦也是同樣，媳婦有困難（例如分娩），婆婆要幫助；有時也可以適當買些東西給孫子孫女。

孩子，你來的不是時候

矛盾一天天越演越烈，最後總有一天會爆發。婆婆後來因為家裡的一些事情回去了，其實我知道這些都是藉口，是她在這裡住不習慣，並且家裡還有一個她不甚喜歡的媳婦，所以她寧可回去過她自己自由自在的日子，眼不見心不煩吧！婆婆的離開，讓浩凡很不開心，他知道這一切不是我的錯，只是因為大家的價值觀並不相同，所以他並沒有埋怨我，但總是高興不起來的。

夏去秋來，不知道是天氣的突然變化還是怎麼的，我的身體忽然變的虛弱起來，沒有胃口，每天總是頭昏腦脹的。浩凡的工作很忙，我也不想讓他分心，因此一再的忍著忍著，心想可能是最近沒有休息

Chapter 5
剪不斷，理還亂

好吧！好好休息就沒事了！

一天早上沒有來得及做早餐，我急匆匆的從冰箱裡拿了一個番茄，結果吃壞了肚子，不停的嘔吐，臉色發青，主管見我的樣子實在是有些可憐，於是放了我兩天的假讓我好好回家休息。利用這個空檔我去了醫院，準備好好的檢查一下身體。

身體檢查的結果讓我感到更加的頭暈目眩，因為我懷孕了！我聽到這個消息的時候甚至有點不敢相信我自己的耳朵。

「什麼醫生，妳說我懷孕了？這怎麼可能？」我不敢相信自己聽到的結果。

「怎麼？妳還沒結婚？」醫生臉上露出了一絲鄙夷的神色。

「就算沒結又怎樣？你們醫生有需要管這麼多嗎？」身體不適加上心情不好讓我口氣不甚客氣。

醫生大概被我的不滿嚇到，連忙解釋：「我們只是擔心小孩……」

「我的措施做的很好，而且我現在還不想要孩子！」我明白她的意思，但是我不想聽她為她的個人立場解釋。

醫生的表情尷尬的說：「這種事情很難說，沒有一項措施是百分百的有效的！那不然妳好好考慮一下吧，早做決定，對身體比較好！」

「好的，我回去考慮考慮吧！」我拿了檢驗報告神情有些呆滯的走出醫院。

「浩凡，今天晚上有空回家吃飯嗎？我有事和你商量！」我破例在上班的時候給浩凡打了一個電話，他大概是聽出我的聲音有些不對，問我：「安安？是不是發生了什麼事情？」

「沒事，晚上回來再說吧！」我現在沒有什麼想法，腦袋一片空白，我想我需要和他商量一下。我不能要這個孩子，不能要他！因為我還年輕，我才二十六歲，我剛到這家公司不久，好好做下去，我會有升職的機會。可是如果我變成一個孩子的媽媽的話這一切都不再可能了。我知道我的全部心思必將圍著孩子轉，就像所有女人一樣，那樣我就不用再想自己的生活了。

這天晚上浩凡回來的很早，我因為沒去上班，所以早就把晚飯準備好了。浩凡見我沒有什麼異樣，似乎也就放下心來。吃晚飯的時候他問我：「安安，妳怎麼了?今天在電話裡聽到妳的聲音很不對勁。」

「沒事啊！」我裝作若無其事的樣子，「有點胃痛，你知道這是老毛病了！」

這一天我什麼都沒說，第二天，我悄悄的到了婦科診所做人工流產手術，我對自己說：「不能要，太早了！寶寶，你真的不在我的計劃之內。」我本想這件事就這麼悄然的結束，但是沒想到我的一時疏忽卻成了我們感情破裂的導火線。

那天原本和平常沒有什麼區別，我從浴室走出來，發現浩凡臉色慘澹的坐在沙發上，我準備去扶他，沒想到他突然對我吼道：「滾！我不要妳的虛情假意！」這個舉動來的太莫名其妙，我也被嚇了一跳，正想朝他發作，低頭卻看到了腳下那張流產切結書。我心中抱怨，自己太不小心了，竟然沒有把它扔掉。之後我們大吵了一架，無論我怎麼承認錯誤，浩凡都不肯原諒我。我們之間的怨根也就此種下了深根。

▼愛情大祕笈▲

婚後，給健康更多關注

結婚對於每個女人來說，都是一生中的大事，這件事情之所以是大事，除了妳的身心有了歸宿之外，還有就是對女性的健康來說有著重要的影響。因為結婚就意味著夫妻雙方進入了正常的性生活階段。女人在這個時期應該給自己的健康更多關注，謹防一些婦科病發生。

剛從少女進入女人的階段，很多人都對生理健康沒有正確的認識，對於婦科病，也常常是羞於提起和診治，最終延誤了治療時間，使病症惡化。這就要求很多女性要從心理上對自己的生理現象有正確的認識，要知道婦科病是很平常的疾病，她會發生在任何一個已婚女人身上，這一點都不特別，也沒有什麼好羞恥的，而去檢查婦科和去看感冒並沒有什麼區別。

當「性福」在甩門

每每想到那個失去的孩子，我就會覺得很心痛，我人生少有後悔之事，就算和余浩凡離婚這件事情都沒能讓我有這種感覺，但是這件事情卻讓我覺得非常心痛。也許是自己那時候太小，也許是那時候根本還不清楚後來它將帶給我的影響，才做出如此決定。

我流產的事情就被浩凡知道了。他的憤怒可以用排山倒海來形容都不為過吧我想。他是他們余家的幾代單傳的獨苗男丁，他很早就對我說過，這也是我不能告訴他我要拿掉孩子的原因，如果他知道了，一定不會同意我把孩子拿掉。他不會管我是不是想生下來，這個孩子，他一定會要我把他生下來。

就這樣，在他得知這件事情之後，我們兩個人陷入了徹頭徹尾的冷戰之中，他不和我說話，不吃我做的飯，不願意和我有任何交流。我想告訴他，我錯了，我錯在沒和他說一聲就斷然決定，這無疑是對他感情的莫大傷害，但是這並不是說我不想為他生孩子，或者是我以後都不願意生，我只是覺得這個孩子來的不是時候，我們還沒有能力給他很好的生活，為什麼要讓他來到這個世界上呢？

漸漸的他的冷漠也讓我失去了解釋的動力，我感到乏力，不想說話，每天兩個人只是在機械的生活著。

我意識到這種生活不能繼續下去，我懷念我們昔日的美好，我還不想放棄他！所以我必須改變！

為了讓他感受到我期盼言歸於好的心情，我辭去了工作，完全按照他曾經的期盼做一個好妻子。每天把家裡收拾的妥妥當當，井井有條，在廚藝上也大下功夫。只是這種生活卻沒有因為我的努力而產生絲毫變化，甚至更糟，他每天早出晚歸。有時候我甚至在他的衣服上聞到了另一種香水的味道，不過我並沒有發作，因為我知道那只會把情況搞得越來越糟糕。

冷戰已經持續了一段時間，我們已經很久沒有過正常的夫妻生活了。在一個女性雜誌裡我看到了一篇文章，上面說性生活也是夫妻之間很好的交流方式。說實話，我不打算這樣冷戰下去，我想要改善我們之間的關係。於是我打算再做一次努力。

這天晚上我找出了自己最性感的一套內衣，洗完澡穿上了，躺在床上等待浩凡回家。他回來的很晚，而且身上帶著酒氣，他最近總是這樣，我問過一次，他對我大發雷霆，好像這些事情我都已經沒有資格再去過問了。他躺下了，我的心懸到了喉頭，我告訴自己勝敗在此一舉。於是鼓起勇氣湊了過去，溫柔的貼住了他寬闊的背，我能感覺到他的悸動。過了那麼一分鐘吧，他一直沒有動作，只是任憑我抱著。忽然間，他把我推開，下床，快速的走了出去，不久之後，我就聽到了他甩門出去的聲音，然後一夜未歸。

▼愛情大祕笈▲

幸福生活，用心締造

婚後生活的和諧，很大程度上要受性生活品質的影響，很多夫妻可能開始感情很好，但是由於性生活不和，沒有更深層次的交流，或者是因為一方的欲求不滿而出軌，久而久之最終也會導致婚姻破裂。不要以為這是危言聳聽，性學家曾做過一個統計，現今離婚的夫妻中因為性生活不和諧的占六十五%，因此美滿和諧的性生活，是婚姻幸福的重要保證。

性的初體驗是美好、神祕和銷魂的，和諧的性生活會讓夫妻之間的感情加深。但是隨著歲月的流逝，還有壓力過大，人們的性慾往往會下降，性生活的品質也容易被忽視，久而久之，就會是雙方喪失興趣，親密關係也就難以鞏固。那麼如何才能有一個長久和諧的性生活呢？這是需要夫妻雙方共同努力的。

性是雙方共同的美好體驗，而不是只有一方的滿足。夫妻兩個人都應該有正常的性慾和衝動，不單是一方的要求，另一方去滿足他。而是兩個人都覺得是一件很享受的事情。把它看成是一種愛情的昇華，而不單純的為了自己身體上的泄欲。

兩個人都要有同房的要求。做愛時，要雙方共同有要求才能夠和諧，並且會為此感到輕鬆和愉快。而不能是單方面的需要。

性生活時，兩個人的注意力要集中，排除其他的雜念，專心體驗性帶來的快感，並且不能太自私，只顧自己的感受，而不管對方是否同意，而進行一些特殊愛好。

在性生活時候，雙方的激動和興奮的情緒會很濃烈，這個時候要考慮到對方的感受，互相感染，儘量做出性感的姿勢和表情，讓對方更加投入，不要顯出勉強或者是不自然的感覺，這樣會讓對方覺得索然無味的。

同房前要進行適當的準備，必須保證衛生，否則會影響雙方的身體健康。同時還可以對自己進行一些修飾，尤其是女性在性生活之前畫點淡妝，塗一點香水，或者是穿上一件性感的內衣，都會激發對方的慾望。

前戲要做足。在做愛之前，說些可愛的話與挑逗，把情緒調動起來。比如「親愛的，你今天真性感」，然後配合著擁抱、撫摸等親密的動作，女人要適時的回應男人的愛撫，在動情時不要太快的進行，而是要顧及到對方的感受，爭取要雙方一同達到高潮。如果男人太疲憊或者是狀態不佳，女人也不要諸多埋怨，而是要善解人意的悉心體貼，讓他卸下心理負擔。

在性愛過後，一般雙方都比較疲憊，但是男女的反應有所不同。男方容易很快入睡，而女人則會感到因為興奮的難以入睡。這時男方應該繼續的和女方聊一會，讓雙方的感情更加親密一些，使女方的快感漸漸平復，因為如果獨自睡去，女方會覺得男人太過冷漠，往往會降低日後的需求。

Chapter 6

水流花謝兩無情

一晃眼和徐啟然結婚已經一年了，我們過得很開心。當妳和一個對的人在一起生活的時候，日子會過的很默契。雖然我們也會有衝突，但是每次都能夠把問題攤開來，說清楚，然後一起解決，我喜歡這種相濡以沫的感覺。

自從那次婚禮後，我再也沒有見過余浩凡，也沒有從別人那裡聽說他的消息，他好像再一次的從我的生活中消失了。

我有時還會想起他，只是已經沒有了之前的糾結與怨恨，而是純粹的想念一個老友一樣，希望他能夠過得好。

工作狂

我過去時常做夢會夢到余浩凡那夜棄我而去的情景，然後驚醒出一身冷汗。自從有了徐啟然在身邊的日子，我已經很少做這個夢了。今天不知道為什麼我又夢到了那個場景，甩門聲不斷在我腦子裡回盪，讓我頭痛欲裂。我起床倒了一杯紅酒，喝了幾口，心緒漸漸平復了下來。

……

自從那天起，我的身心都受到了很大的傷害，他很少回家，很少過問我的事情，即使不得不開口說話，多數時候也是冷言冷語，我感覺自己已經被他折磨的快要發瘋。我拼命的傳訊息，向他道歉，每天都要傳封簡訊去討好他，但是換來的卻是他對我變本加厲的不理不睬。黑夜裡我面對著冰冷的牆壁獨自在被窩裡哭泣，我的堅強和尊嚴被徹頭徹尾的打擊的一點不剩。

我甚至做出了讓我自己都意想不到的事情，有一天下班，我衝到了余浩凡的公司樓下等他。那時我已經好多天沒見他了，我想見他，想和他說話，想聽他到底想怎麼樣，想知道他為什麼就這麼對我不理不睬，難道就因為我把孩子打掉了？我已經千百次的向他承認了錯誤，為什麼他仍不原諒我？

我在公司樓下的咖啡廳坐著，就像一個等待著獵物的獵人，目不轉睛的盯著大廈的出口，生怕他從我的眼皮底下溜走了。等了好久，我終於看到了那個熟悉的身影，我急急忙忙的出了咖啡廳，衝到了他的面前。

我已經好多天沒看到他了，他比先前憔悴了許多，整個人也瘦了不少，我忽然有些心疼，有些不捨。原本的責問也變的溫柔起來：「浩凡，你為什麼這麼久都不回家呢？我真的很想你！」大樓的門口人來人往，但是我已經全然顧不得這些，不能自己的抱住了他，但是我感覺自己抱的好像不是一個有感情的人，而是一塊硬硬的木頭，沒有任何反應。

「不要這個樣子了，這邊人很多！」他說話的聲音彷彿夾著冰碴，不帶有一絲的溫度，說著雙手推開了我，我望著眼前的這個男人，感覺很陌生，原有的熱情在這一刻被凍結了。隨後他說的話更像一把把尖刀刺穿了我的心臟：「安安，我們離婚吧！我覺得我們都需要冷靜一下，好好想想我們的未來，也許我們兩個人並不適合彼此，妳太任性，而且也越來越缺乏對我的吸引力，這不是我想要的生活！」

他說的平靜，我不知道該說什麼，只是呆在那裡，靜靜的聽著，好像傻掉了，就連他什麼時候走掉的我好像都不知道，當我回過神來的時候，只剩我一個人站在咖啡廳門前，臉上已經冰涼的濕了一片。

回去之後，我生了一場大病，我媽媽從家裡趕過來照顧我，這期間我始終沒見過余浩凡，我開始明白，男人要是絕情起來原來可以如此決絕。一場病，讓我看清了很多東西，我明白了永遠不會背叛我們的只有親情，父母對子女的愛是最無私的，看著媽媽新添的白髮，我告訴自己一定要努力的工作，讓她過上更好的生活。

我也更清楚的知道，這個男人就像他自己所說，真的不適合，但是不僅只是我不適合他，他也不適合我。

在感情上已經窮途末路的我，只能在工作上尋找慰藉，漸漸的我變成了一個名副其實的工作狂，工作無疑成了我最好的療傷靈藥，有了它我開始更愛我自己了。

▼愛情大祕笈▲

失戀後的自我調節法

人生中會面臨很多挫折，失戀是其中一件。所謂殺人於無形，就是愛情這個東西的特點，在讓妳享受了人生中美好的極致的同時，也會讓妳的情緒跌到萬丈深淵。大多數人都會面臨戀愛的挫折，很少有人能夠在一生中不遭遇感情的波折。

失戀的時候是痛苦的，相信經歷過的人都會有所體會，那種痛是一種錐心刺骨的疼痛，一種無法擺脫，無法言喻的疼，整個人可能會因此而失去活力，對整個人的心態和生活都有著很深的負面影響，那麼如何儘快從失戀中走出來呢？

❤找一個可以信任的人去傾訴妳的心痛

失戀的人遭受到了嚴酷的精神打擊，內心被很多負面情緒所困擾，比如悔恨、惆悵、失望、孤獨、自我否定等。這個時候人不應該自己一個人，而是應該找一個好友，和他聊聊天，說說自己的想法，這樣內心中的負荷就會減輕很多。聊天的同時，朋友也會說一些安慰的言語，這些話，會讓失戀的人心理感覺有些安慰，並且重新得到被關懷的溫暖。

♥移情他人，重新開始新的戀情

有人說：走出失戀的最好的方法就是重新開始一段新的戀情。雖然這種方式看起來有用情不專，但是這確實是一種速成法。因為失戀之後，把感情轉移到其他的對象後，又重新獲得他人的關心和愛護，這時候就會覺得感情沒有那麼空虛了。但是切記，不要隨便因為寂寞而和別人胡亂開始，這樣只會讓自己之後更加痛苦。

♥多角度思考方法

在受到戀愛的打擊，情緒不能控制的時候，試著冷靜的想想整個戀愛過程。然後用理性的思維去客觀的分析一下失戀的原因，自己那些地方做的不對？對方哪些地方做的不對，不要把責任完全背負下來。

在分析結果之後，顯示你們的愛情確實是盲目的，那麼分開是最好的選擇。如果對方是把經濟條件放在首選，而妳並不足以讓他考慮，那麼妳也不必看低自己，因為你們的價值觀根本上存在差異，妳應該覺得離開他是件讓人慶幸的事情。

❤價值補償的方法

這是失戀之後最容易讓人解脫的一種方法，尤其是對年輕人來說，未來還很長遠，一次戀愛的失敗不能夠影響一生的幸福。要知道，未來還有很多事情需要你去努力，不如把此刻的悲傷情緒化成工作的動力，去努力奮發圖強，說不定在工作上你會取得另一番成就。上帝說關上一扇窗子的同時，必定會為妳打開另一扇窗。新的機遇也許就在此刻等著妳。

❤自我安慰法

當產生悲觀的情緒時，人應該懂得自我安慰，使得心靈免受傷害，促進心理的平衡。戀愛的失敗，容易讓人產生很強自我否定感，甚至對未來都失去信心，對自己也十分不自信。這個時候，妳應該這樣想，戀愛是兩個人的事情，並不是妳單方面沒有過錯，努力就可以完成的，何必過分的苛求自己呢？

分開是最好的選擇

當感情無法往前走的時候，不如選擇放手，因為繼續執著只會傷人傷己。在從那段時間走過來之後，對此我已大徹大悟。那次去找他，讓我的自尊心受到了很大的打擊，從那之後，我再也沒有主動找過他。即便有時心痛的像在滴血，但是我也不想祈求他的一絲絲憐憫，我告訴自己，傷口只能自己讓它癒合。

就這樣我和余浩凡分居了大半年，兩個人沒有來往，也互不相擾。這時候我的事業也漸有起色，這時我想起了一句名言：上帝關上一扇門，必然會打開另一扇窗！這也許就是所謂的愛情失意，事業得意吧！我順利的升入成為部門主管，就在這時，我忽然接到了余浩凡律師發出的律師函，上面說他要和我離婚，因為我們被證實已經分居了半年以上，沒有必要再維持下去。

儘管我早就料到了遲早會有這一天，但是當這一天真的到來了，我還是覺得有些難以接受，還好有很多朋友安慰和照顧我。

我恨他！有時恨得咬牙切齒，我恨他為什麼好像變了一個人一樣，把當初的山盟海誓、甜蜜的曾經都忘得一乾二淨。他是怎麼做到的？有時候想起來，我真覺得他不能用正常的感情去理解。

簽離婚協議那天是我最後一次見余浩凡。那天天氣很冷，我站在律師事務所門前凍得瑟瑟發抖，我原本可以進去等他，但是不知道為什麼我想和他一起進去，因為我清楚的記得兩年前，我們一起去領結婚證的情景，那天也很冷，我因為一點事情耽擱了，他就這樣一直在門口等著我，也是凍得直跺腳，想著這些我覺得自己的眼睛模糊了，我多希望今天我能見到以前的那個他，我們能手牽著手走回家……

等了很久，我感到整個身體都有點僵掉了，終於看到了那個熟悉的身影，他又消瘦了一些，整個人看起來也很沒精神，我不自覺的心疼起來。

「等很久了嗎？怎麼不先進去？生病了可不好！」還是他先開口道。

「沒事的，我想等你一起進去，以前你不是也等過我嗎？」

「算了，過去的都別想了，我們進去吧！」他避開我的眼光，推開了事務所的門。

經歷過之後我發現其實結婚很容易，離婚也很容易，只是在一張白紙上簽下自己的名字就OK了，兩個人一拍兩散，從此各奔東西，不再有任何關係。

我們沒有關於財產的糾紛，浩凡把一切能留給我的東西都給了我，我不要但是他堅持，他說他虧欠我的，我也不知道他虧欠什麼，也許是感情吧，這只有他自己知道，因為我不清楚他到底在想什麼。

▼愛情大祕笈▲

一個人的精彩

戀愛或者是婚姻遭遇挫折之後，很長一段時間人都會徘徊在一個自我否定期。

這段時間，妳是一個人的，妳一個人看書，一個人寫字，一個人看電影，生活顯得很孤獨。也許在內心深處妳還在對愛情保有著渴望，但是由於之前的打擊，卻怎麼都無法讓自己再次鼓起勇氣去重新接受一個人，當然這並不代表妳永遠不會去接受，而是現在不行，現在，妳只想和自己待著，好好的保護自己。

雖說失敗的戀情都會給內心留下陰影，但是同樣失戀的經歷也是可貴的，因為只有真正經歷過這種離去，才能知道一份感情要怎麼割捨，才能知道如何和思念，和寂寞去鬥爭，以後才能更好的善待自己。

世界上沒有一個人能夠永遠的陪著另外一個人到天荒地老，每個人在另外一個人的生命力都是一個過客，只是停留的時間的長短有異而已，因此，最需要學會的還是怎樣和自己相處，怎麼樣在最孤獨的時候去為自己排解這種不良的情緒，讓自己開心起來。

❤給自己找點事做

沒人能夠不寂寞，每個人或多或少都會有這種情緒。但是妳可以瞭解一下，是不是身邊忙的人，體會這種情緒的情況會少一些呢？而多數整日把寂寞掛在嘴邊上的人，都是那些無所事事的人。

是的，喜歡做什麼就做什麼，不受外界的情況的打擾，妳的心情自然就會開心很多，這樣寂寞也就被妳驅逐出門外了。當一個人全心關注自己喜歡的事物之中時，他就會很少感到寂寞。

❤找朋友

朋友是我們生命中十分重要的一個角色，客觀的說，他們最大的作用莫過於幫助你排解寂寞的情緒，寂寞時的互相陪伴，時間就會過的飛快。

把自己的趣事和朋友們分享，傾聽他們的故事，彼此浸染相互的生命之中，多了更多的體驗和感悟，豈不是好事？

❤野外郊遊

人與大自然本來就是一體的，城市中的高樓大廈，無時無刻不讓人感覺冰冷，慢慢疏離的人際關係也讓人感覺很寂寞。這個時候，不妨離開城市，去走進大自然，感受那份平靜和快樂，心情自然也會開心不少，所有的煩悶心情就會一掃而光了！

❤重視親情

朋友和愛人也許會背叛妳，離開妳，但是血濃於水的親情卻是永遠改變不了的，當妳孤單無助的時候，最後站在妳身旁的永遠是那些愛妳的親人們，尤其是妳的父母，不要嫌棄他們年老，埋怨他們的價值觀和妳有這樣那樣的不同，妳和他們傾訴一下，會發現他們總是站在妳一邊的。

♥助人為樂

幫助別人是一件快樂的事情，如果妳心情不好，感到孤獨，可以試著去幫助妳身邊的人，他們得到了妳的幫助，會發自內心的感謝妳，妳會感覺自己有一種強烈的被需要的感覺，這樣妳就會開心很多。

新人笑，舊人哭

離婚之後，我給自己請了一個月的大假，我想讓自己徹底的遺忘，我開始環島旅行，去以前我想去而沒有時間去的地方，最後，我又回到了我們相識的地方，我的大學校園，那裡有過我最美好的愛情和回憶。

我一個人經過那些我們曾經一起走過的小路，感覺那些回憶和感覺似乎又生動了起來，一切都是那麼刻骨銘心。我想念浩凡，想念那個和我相愛過的人。有一種衝動湧上心頭，我要去挽回這份感情，想到這，我迫不及待的回到台南，想要找到他。

剛回來的幾天，我到處找他，打電話，他不接，再過幾天變成了對方已經關機，之後甚至暫停使用，我向所有認識的同學同事打聽他的消息，但是大家都不知道他的去處，頓時我感到他像從這個城市消失了一樣，不留痕跡。

我在尋找的過程中慢慢絕望，就在這時，我接到了一個好友的電話。

「喂，安安嗎？」我迷迷糊糊的拿起電話，傳來了關切的聲音。

「嗯。」我昨晚宿醉未醒，還有一點頭疼。

「妳怎麼了？聽妳的聲音好像不太舒服啊！怎麼了啊？」

「沒什麼，喝了點酒，別大驚小怪的！」

「喝酒？妳什麼時候學會喝酒了？」在她眼裡我可能還是那個簡單的小丫頭。

「沒事啦，真的，妳有什麼事情？」我有點不厭煩，因為最近只想自己待著，對任何事情都提不起興趣。

「我有那傢伙的消息了！」她在那邊歎了口氣。

「浩凡？浩凡？妳有他的消息了？他人在哪裡？趕快告訴我？」

我有些激動的說，從萎靡的狀態下一下子變的精神抖擻起來。

「忘了吧，安安，那傢伙不值得妳這樣……」

聽完後，我整個人都呆掉了，朋友是一番好意的告訴我，不希望我再自暴自棄，但是我寧可她什麼都沒說，讓我繼續對余浩凡的想法有猜測，對我們的未來發展有憧憬，而現在，一起都被打碎了。

「那小子已經離開了台南，而且據說走的時候不是一個人，還跟一個女人，是我們大學同學，也來台南工作的，叫劉芳庭！原本我就覺得他們關係有點不一樣，現在……」。這幾天我腦子裡一直再把這段話來回重播，每次到這都嘎然而止。

我不知道自己還會這樣心痛多久，每天醒來我篤定的覺得我一輩子都會這樣了。但是我錯了，時間真的能帶走一切，它能治癒我們心靈上最最深刻的創傷。

▼愛情大祕笈▲

如何面對入侵的「第三者」？

第三者，無疑已經成為了所有已婚女性的公敵，即使自己本身沒有經歷過第三者的，提起這些破壞婚姻的角色，也往往是恨得咬牙切齒的。但是真正面對第三者的時候，很多人都會感覺有種恐懼的心理在作祟，不知道該去怎麼面對。

❤首先應該自信，獨立起來

許多正妻在和第三者的鬥爭中，都以失敗告終，總結原因，她們會說第三者來勢洶洶，臉皮又夠厚，鬥爭的伎倆也是如此的不擇手段，讓人難以招架。其實這麼說固然有道理，但是卻沒有抓住問題的本質。大老婆之所以會輸的慘烈，主要是因為她太過於懦弱，過分的去依賴這份感情。當一個女人變得可以獨立生活的時候，她對感情的依賴心理就不會很強了，這時候她面對第三者的時候也不會那麼的患得患失，而且在這場婚姻的保衛戰裡也會更加的生龍活虎，把自己的優勢地位發揮的淋漓盡致。

❤在第三者出現之前，給老公打好預防針

第三者出現之前，應該做好未雨綢繆的準備，不要對這些事情掉以輕心，如果妳沒有認真去對待，那麼事後出事也就是自己的責任。在兩個人感情好的時候，應該明確的告訴他妳的態度，一旦出現第三者，妳會有什麼反應，投鼠忌器，讓老公先望第三者而卻步。

❤切忌把懷疑寫在臉上

從很多大老婆成功的第三者反擊戰中總結出來的經驗和教訓中得出。在這場戰役中，切忌過分的緊張和疑慮，尤其是把所有懷疑都寫在臉上的大老婆是最最蠢笨的。

其實，老公有沒有第三者，細心的老婆很容易就會感覺到，當這個男人有一些反常的舉動時，那麼你就要留心了，這可能就是第三者來襲的前奏。比如，他平時根本沒有應酬或是加班，但是忽然告訴妳

他要去陪上司吃飯了，或者是要加班，妳就要加小心了。但是這個時候，妳不要把懷疑寫在臉上，因為這只是妳的懷疑，如果沒有真憑實據，老公會反咬一口，說妳無理取鬧，神經病！

妳可以用一些暗中觀察的手段，表面上不懂聲色，暗地裡尋找證據，找一天，把老公和第三者一網打盡，讓他們百口莫辯。當然這一天之前，妳要把攤牌之後的各種可能性想周全，這樣就可以讓自己先佔據有利的地形，做好充足的心理準備。

❤面對第三者的進攻，充分團結一切的力量

在這場戰役中，畢竟你是大老婆，妳要時刻謹記自己的身分，要知道，妳身邊有很多天然的資源可以利用。比如親戚和朋友，打好親情牌，其實男人出軌有時候只是一時的頭昏，他們還是很在乎這個家庭的，千萬不能玩什麼一哭二鬧三上吊之類的，把老公惹毛了，自然就跑到另外一面了。

當一切成為回憶

曾經以為不會遺忘的，也終究會遺忘，這就是人，真實的人，健忘，易反覆。回想兩年前，我是無法想像我會再愛上一個人，再次有勇氣走進婚姻的。那時的我曾經歇斯底里的跟每一個人說，我愛余浩凡，我會永遠愛他，但他傷害了我，我也會永遠恨他，恨他一輩子，下輩子我要報復他！

但是無所謂了，真的無所謂了！

事情就是這樣，有一天，妳一覺醒來，發現陽光很明媚，而妳身邊的人這樣愛妳，妳也愛上了他，生活依舊幸福滿溢，妳會對過去的恩怨情仇都付之一笑。覺得無所謂了，這時候有人再來問妳，妳還恨

Chapter 6

水流花謝兩無情

那個人嗎？妳會恍如隔世的一笑，把一切釋懷，因為和回憶糾纏的人顯然是不明智的。

變化就是這樣超乎我們的想像，我身邊順理成章的有了徐啟然。今天想想，我覺得生命中很多事情都是註定的，妳遇到一個人，妳失去一個人，大多數人，都沒有那麼固執的執著去阻止命運前進的步伐，我們都應順應它，這才是人生前進的軌跡。

我和徐啟然的相遇也很浪漫，我們是在一次公司的新年晚會上認識的，那時徐啟然是作為客戶公司的代表而來的。晚宴最後有一場化妝舞會，原本想提早走人的我被同事拉了下來，沒有成功逃脫，被迫留了下來。

望著眾人翩翩起舞的舞池，我這個不會跳舞的只能在一旁品著紅酒，眼巴巴的張望著。

「親愛的南瓜公主，我能請您跳支舞嗎？」

一個貴族打扮的男人站在我面前，伸手邀請我。水晶燈下的他高貴非凡，一八〇的身高，富有立體感的五官，讓我感覺自己參加好像是灰姑娘參加的那次午夜晚會。他的俊美讓我完全忽略了自己身上穿的搞笑的南瓜服裝，戴著不可愛的南瓜面具，我半推半就的和他步入了舞池，我不停的踩踏著他不菲的皮鞋，他卻始終面帶笑容的引導著我。

後來我們再回憶那個夜晚的時候，都覺得笑料百出。徐啟然說，他早就注意到他們的合作公司裡有個漂亮的女孩，雖然有著陽光般的笑容，他卻每次見了都感到心疼，他說他對別人沒有過這種感覺，他想要保護我、心疼我，那次年會終於讓他等到了機會。當然，他說如果我穿的不是那身南瓜服就更完美了。

幸福就這樣慢慢展開，我不能否認，徐啟然對於撫平我內心的瘀傷的作用功不可沒。

▼愛情大祕笈▲

妳是不是一個懷舊的人

當愛已經成為往事，妳心中還有多少記掛呢？一個念舊的人往往很難走出過去愛情的陰影，更難重新開始新的戀情。

念舊不是把過去丟棄，而是要學會放下，有捨才有得，妳將得到更多值得妳珍惜的人事物。

破舊，迎新

幸福在蔓延。結婚不是一個刻意的安排，只是一切都是那麼的順利成章、水到渠成，就像到了一個時刻，就要做一件事情一樣，沒有驚慌，也沒有失措。

幾乎以前的每個朋友都會問過我是否還想著余浩凡，我知道大多數人是出於關心我，另一些人是出於好奇，我都老實的回答，因為他和我人生的一段經歷密不可分，而那段經歷已經是我生命的一部分，所以每當我回憶起那時的自己，我就會想起他，那些好的，不好的。只是如今，我想起這些的心境已經完全不同，我會從一種置身事外的態度去旁觀，會想當初，自己也有好多錯誤。

「我已經不恨他，我也有不對，如果再讓我遇到他，我會為我過去對他的傷害說抱歉！」最近一次，小詩問道我時我這樣告訴她。

「妳還真是胸襟開闊，面對背叛過妳的男人，還能這麼大度，要是我就一輩子詛咒他！」小詩發狠的說，我知道她能做出來。

「何苦呢？其實那不是為難他，而是為難自己！」我說道，淡然的好像那些經歷的傷痛不是自己的一樣。

時間過得真快，一晃又是很久沒見了，現在已經是幸福女人的我，有一天忽然接到了一個陌生電話，一聽對方的聲音我立刻就知道是誰了，這聲音曾經是我最熟悉的，我笑著說：「浩凡嗎？」

余浩凡說他即將遠行，想在走前見見我，我沒有猶豫的答應了，我們約了在老地方見面。

老地方是大學時我們都很中意的咖啡館，那時還是學生，身上並沒有多餘的錢可以花費，所以能要上一杯咖啡，在咖啡館裡喝上一下午就是很奢侈的享受了。幾年了，學校裡很多東西都變了，只有這個咖啡館還是老樣子，依舊讓人感覺親切。

我靜靜坐在一個我們最愛坐的角落，看窗外的風景，以前好像也有過這麼好的天氣，好像還有玫瑰，我想起了什麼，感到很溫馨，這些回憶，像窗外的陽光融化了塵封已久的冰冷記憶，讓我對等待的人有了溫暖的感覺。

窗外一個熟悉的身影走入的視線，我的目光一直隨著他進了門，他一進門，很有默契的尋著了我的位置，我朝他微笑，這情景似曾相識。

我們開始有一搭沒一搭的閒扯，不提過去的爭吵、傷痛，只是隨便聊聊天。

「以後有什麼打算？對了，你女朋友，或者是夫人……」我現在已經沒有任何惡意，完全是出於關心。

「我一直都是單身一個人。」他誠實的望著我，這回答出乎我的意料。

「可是，我聽說？」他明明是跟一個女人一起離開的，曾經我曾為此傷心欲絕，我怎麼會忘記？

「現在說出來也沒什麼了，其實那只是我和楠春編造的一個謊言，怕妳走不出來傷痛，還對我有希望，那樣妳會很痛苦，長痛不如短痛吧。」他說完試探性的看著我，不知道我還會不會恨他。

「我不怪你，你也是為了我好，不過當時我很恨你呢！」我現在已經能夠平常心的對待這件事了。

我們都成熟了，因為那些急躁、得理不饒人的語氣已經不見，更多的是平和安然，但也可能是愛已逝去的緣故。

又聊了一些閒話，他把上次賣房子的房款給了我，然後我們就散了，他說他要出國，我祝他幸福，他說謝謝！

看似平淡，其實真的是出自真心。

▼愛情大祕笈▲

當愛已成往事

如果妳一生中能過遇到自己心愛的人，真的可以說是一種幸運，因為世界上的人萬萬千，但是可以相知相愛的卻是少數。你苦苦等待一份真愛，也許妳曾和妳的百分百戀人擦肩而過，緣分就這樣無聲無息的從身邊溜走，讓人悵然。所以只要是遇見就要把它看作是美好的，因為妳能在茫茫人海中找到他就已經是一種幸福，哪怕最後沒有一個完美的結果。

白頭偕老很美好，但是卻不是每個人都能夠擁有的。很多戀人充滿遺憾的分手了，然後因為愛情的離去而傷心欲絕，這是不可避免的過程，因為曾經相愛過，曾經付出過。當時間把傷痛漸漸平復的時候，妳再回首那些美好，是不是會再度流淚？

劃過臉龐的淚水是幸福的，因為曾經相愛過，曾經浪漫過。兩個人在夏天淋著細雨的石板路上的散步過，在冬天飄雪的路燈下相擁過，這些都是永遠不能抹去的回憶。當愛已經成為往事，但這些美好依然在心裡最柔軟的地方珍藏。一個聲音，一種味道，都會把妳帶回到當時的情境中，體會那時的快樂，這難道不是一件快樂的事嗎？

有些愛情是註定沒有結果的，也許因為你們性格不合，也許因為家庭的原因，也許因為出現了別人……，當愛情結束的時候總是那麼的撕心裂肺，猶如萬劍針刺般痛苦。有人說，寧願就此死掉，有人說自己永不會再愛。真的死掉了嗎？沒有！真的不會再愛了嗎？還是愛了！

愛情從來都是一種可再生資源，妳要相信愛情本身，也要相信自己愛的能力。失去了一次愛情，每個人都可以過得很好，只要他想，時間可以平復一切，可以治癒心靈上的傷痕。當妳從過去的陰霾中走出來時，妳會發現，窗外的天空依然明媚，未來依舊充滿了生機。回想那些前塵往事，妳可能會付之一笑，笑自己的天真，笑曾經的幼稚。

童話裡的感情很美好，但是卻並不真實。當你在童話故事裡找不到幸福的結局時，你才會珍惜平凡現實生活的可貴。童話有一天終究會幻滅，取而代之的是真實的人生。

人們總說自己會永不變心，但是他們遲早會忘記自己曾經說過這些誓言。其實真正的幸福不在於那些美好的話語，而是兩個人用心呵護出的感情，它被保護的如此小心翼翼，以至於世間的凡塵都無法侵入其中。

尾聲

時光荏苒，一晃幾年過去了。

我和徐啟然平靜的生活著，想起以前恍如隔世。日漸成熟的我，對很多事情都有了新的感悟。人不要過於執著，強留那個不屬於妳軌跡的人在妳生命裡，只會造成悲劇，人生，有捨才有得。

偶爾聽到浩凡的消息，都是從楠春這些老同學那裡，內容大概是浩凡最近事業又有什麼新的發展了之類，替他高興。

這天早上我正在做早飯，電話忽然響了起來，四歲的女兒跑過去，搶著接了，然後用稚嫩的童音喊：「找喬維安的！」

我被她的頑皮逗笑了，接了過電話，熟悉的聲音傳過來：「妳女兒嗎？聽聲音就知道很可愛！」

「浩凡？是你嗎？你回來了？」我不可能聽不出他的聲音，好久沒聯絡了，我難掩激動。

「是啊，昨天剛回來，怎麼樣晚上有空嗎？老同學聚一下啊！」

「好啊，趕快解救一下我這個黃臉婆吧！」我打趣道，就好像我們是經常見面的朋友。

「帶徐啟然和妳可愛的女兒吧！人多熱鬧！」他說。

「嗯，好啊，我一會問問他有沒有時間。」

掛了電話，我對女兒說：「晚上媽媽帶妳去參加聚會好不好？」

「好啊，好啊！穿那件白色的洋裝好不好？像芭比娃娃一樣的那件呀！」她不由分說的把我拉到了她的小房間，挑起了衣服……

謝謝您購買 你是我上輩子的仇人 這本書！

即日起，詳細填寫本卡各欄，對折免貼郵票寄回，我們每月將抽出一百名回函讀者寄出精美禮物，並享有生日當月購書優惠！

想知道更多更即時的消息，歡迎加入"永續圖書粉絲團"

您也可以利用以下傳真或是掃描圖檔寄回本公司信箱，謝謝。

傳真電話：（02）8647-3660　　信箱：yungjiuh@ms45.hinet.net

☺ 姓名：＿＿＿＿＿＿　□男　□女　□單身　□已婚

☺ 生日：＿＿＿＿＿＿　□非會員　□已是會員

☺ E-Mail：＿＿＿＿＿＿　電話：（　）＿＿＿＿

☺ 地址：＿＿＿＿＿＿＿＿＿＿＿＿

☺ 學歷：□高中及以下　□專科或大學　□研究所以上　□其他＿＿＿

☺ 職業：□學生　□資訊　□製造　□行銷　□服務　□金融
□傳播　□公教　□軍警　□自由　□家管　□其他＿＿＿

☺ 您購買此書的原因：□書名　□作者　□內容　□封面　□其他＿＿＿

☺ 您購買此書地點：＿＿＿＿＿＿　金額：＿＿＿＿

☺ 建議改進：□內容　□封面　□版面設計　□其他＿＿＿

您的建議：＿＿＿＿＿＿＿＿＿＿＿＿

廣　告　回　信
基隆郵局登記證
基隆廣字第57號

新北市汐止區大同路三段一九四號九樓之一

大拓文化事業有限公司收

請沿此虛線對折免貼郵票，以膠帶黏貼後寄回，謝謝！